edizioni
chance
lettera 22

INTRODUZIONE ALL'ELDER FUTHARK
L'importanza del messaggio runico
nella società moderna
di **Laura Mizzon**

2021 © Chance Edizioni
www.chanceedizioni.com

Illustrazione di copertina: ©Elena Saluzzi
Grafica di copertina: ©Bdprint

INTRODUZIONE ALL'ELDER FUTHARK

L'importanza del messaggio runico nella società moderna

Laura Mizzon

Indice

Prefazione

a cura dell'autrice

Questo libro nasce dal puro amore per la condivisione e dalla ricerca antropologica personale volta a fini evolutivi, curativi, protettivi e di conservazione di quello che riguarda valori e tradizioni incontrati nel mondo. Tali tradizioni si possono definire arcaiche ma si mantengono in qualche modo attuali e necessarie all'interno del nostro contesto socio-culturale che al momento, tra le altre cose, attraversa una confusa fase di transizione verso l'ignoto dopo un evento traumatico che ci ha coinvolti a livello globale, mettendoci in difficoltà sul fronte economico e politico ma anche, più semplicemente, su quello umano.

La cultura nordica non è l'unica di cui faccio quotidianamente tesoro per affrontare col giusto approccio mentale questi tempi di assestamento, nei quali ci viene chiesto di adattarci all'impossibile senza la garanzia che la soluzione di turno sia davvero efficace. Però è quella che mi ha aiutato di più perché la sopravvivenza in ambienti tipicamente ostici da sempre impone modelli comportamentali assolutamente funzionali, altrimenti diventa impossibile.

Le parole che seguono sono state scritte per utilizzo personale; per necessità di studio, comprensione e rapida consultazione: non mi ritengo un'esperta di questa affascinante materia, sono solo una persona fortemente appassionata; tanto ancora ho da imparare nel mio percorso di vita, tanta è la saggezza nascosta nei dettagli delle antiche culture, alla continua ricerca del contatto con quell'umanità che l'uomo moderno è stato in più modi forzato a dimenticare per adattarsi alle regole di un vivere sociale che si è allontanato fin troppo dai concetti di natura e sostenibilità che ritengo importante cercare di recuperare in questi anni di cambiamento.

Ringrazio tutte le preziose amicizie che si sono unite al processo di condivisione, e hanno dato il loro supporto per la concretizzazione di questo piccolo sogno, lavorando attivamente al mio fianco per renderlo reale e anche tutti quelli che prima di me hanno esplorato e divulgato questa meravigliosa cultura, che tanto ha da dare nei momenti di umana difficoltà.

L. Mizzon

L'importanza del messaggio runico nella società moderna

Il 2020 è stato un anno che in qualche modo ha gettato le basi per un cambiamento globale, necessario per arginare il disastro economico e sociale nel quale ci siamo ritrovati all'improvviso, senza poter in alcun modo evitare la trasformazione della nostra quotidianità; senza poter sfuggire al confronto con le nostre scelte di vita (per alcuni alcuni magari sbagliate), costretti a fare i conti con tutto quello che fino a poco tempo prima eravamo convinti di poter rimandare in eterno e che di colpo è stato quotidianamente chiuso in casa con noi per un lungo periodo.

Mai si sarebbe pensato di vivere simili tempi di difficoltà e deprivazione, con l'economia ridotta ai livelli di un dopoguerra e delle limitazioni nella libertà personale estremamente severe, che ci hanno tenuti lontani dai nostri cari, dalle nostre passioni, dalle nostre abitudini di sempre.

La parola "coprifuoco"... diciamocelo, era molto meglio letta sui libri di storia quando chiedevi alla maestra: "che cosa vuol dire?" e ti aggiustavi il grembiulino rimettendoti a sedere.

Avendo dovuto consultare gli ultimi decreti ministeriali per capire se poter prendere o meno un caffè con la mia cara amica che abita oltre i confini del comune o essendomi dovuta sbrigare a rientrare in casa la sera entro un orario che a Cenerentola a confronto andava ampiamente di lusso, un paio di domande me le sono fatte.

Anche perché lo sappiamo benissimo che un essere umano adulto professionalmente impegnato possiede solo la sera da dedicare a se stesso: il giorno in linea di massima è "per il sistema".
Abbiamo vissuto un anno che ha rastrellato tutto ciò che non aveva fondamenta stabili causandone il crollo inesorabile; tutti i legami che non avevano reale motivo di esistere si sono dissolti, sia sul piano professionale che su quello sentimentale; tutte le situazioni impervie o improbabili sono sfumate via; un anno in cui si è pagato il conto degli errori di una vita.

Ciascuno di noi è stato chiamato a riflettere sui propri trascorsi, soprattutto se si è trovato chiuso in casa senza lavoro, o col partner sbagliato, col coinquilino antipatico o con dei figli con cui non c'era comunicazione per aderire a un modello sociale pressantemente imposto... calcolando tutte le combinazioni possibili per la legge dei grandi numeri... un bel disastro, energeticamente parlando. Le difficoltà che abbiamo affrontato ci hanno aiutato a maturare e ci hanno messi di fronte alle nostre responsabilità, costringendoci a effettuare una totale revisione del nostro modo di essere e relazionare con le persone e con l'ambiente.

Chi ha avuto la fortuna di trovarsi dalla parte giusta del percorso nel momento del disastro a questo punto è un po' stanco, un po' provato, ma comunque speranzoso: combatte ogni giorno al fianco dei suoi cari per tornare a una parvenza di normalità, mettendocela tutta.

Molti sono allo stremo, cercando la forza di andare avanti.

Chi non l' ha avuta purtroppo sta perdendo colpi.

La gente fa cose sconsiderate man mano che perde il controllo: questo clima di paura e costrizione sprigiona una carica negativa nell'aria quasi tangibile a livello atmosferico; le persone sono disperate, nervose, preoccupate.

La gente ha paura e i media come le istituzioni, sembrano non avere perfettamente chiara la direzione da prendere.
Invece di farci sentire protetti ci bombardano con informazioni inutili e ridondanti; azioni confuse: ci chiedono di fare tutto e il contrario di tutto, di rinunciare alla nostra privacy per sfiducia nella nostra capacità di rispetto delle regole... e questo la dice lunga su che brutta china abbiamo preso a livello esistenziale, quando non afferriamo più il concetto basilare che "bisogna fare quello che bisogna fare."

Intanto nel mio paese gli adolescenti si riuniscono in pregevoli location della città per dare luogo a maxi-risse che le forze dell'ordine non riescono ad arginare.
Va detto che in altre parti del mondo se non ho visto male (ho dovuto strabuzzare gli occhi, sì) mi pare di aver notato un tizio -vestito da gnu portare scompiglio

a Capitol Hill, dritto nel cuore pulsante della democrazia americana.

Quindi - detto fra noi - dubito che qualcosa possa mai più generare in me il senso di sorpresa, ma sento anche il bisogno di provare a diffondere un messaggio che esiste da prima di noi e che magari può aiutare quelli che non hanno avuto la fortuna di vivere un percorso semplice e lineare a fare un po' d'ordine, perché mai come ora mi sembra che l'umanità sia lontana da se stessa, dal concetto stesso di umanità.

Ovviamente non sono la prima che lo fa e ringrazio tutti coloro che si sono impegnati a diffondere una cultura che è importante perché insegna a stare al mondo pur se nati in condizioni di svantaggio (economico, fisico, sociale, ecc...). Imparare a vivere in un ambiente ostico non è facile, bisogna impegnarsi a coltivare, mantenere e proteggere il proprio frutto, altrimenti non sopravvivrà.

Mai come oggi il messaggio di **Odino** risulta attuale e necessario, mentre si va tutti allo sbando: coi jeans e le felpe in mezzo alle strade o in giacca e cravatta dietro a qualche importante scrivania, in molti non sanno quello che stanno facendo in questo momento e quando è così, poter contare su un consiglio saggio e disinteressato, stabile e fondato, può essere d'aiuto.

Questa è la speranza che nutro, mossa dal semplice amore per l'umanità; amore che ho compreso in età adulta perché prima purtroppo c'è stato anche il momento dell'odio.
Diffondere un consiglio fraterno e pulito, che molto mi ha aiutato in momenti difficili è l'intento. Perché molti di noi hanno ancora bisogno di sentirsi sussurrare i segreti della vita.

Anche fosse per staccare il cervello un momento da tutta questa negatività che ci circonda e volerci concentrare su uno spunto di riflessione diverso dal solito, che ci stimolerà ad analizzare la nostra situazione e capire come poterla attivamente migliorare mi sembra il minimo che io possa fare in questo momento di instabilità e confusione, per amore del creato di cui sono parte attiva, condividere quello che ho imparato anche soffrendo, per cercare di evitare la sofferenza altrui.

Origini etimologiche

Il nome **"runa"** deriva dalla parola **"rùn"** che significa **"segreto"** o **"mistero"** ed è anche collegato al termine "ryna" che invece significa **"sussurrare"** oppure **"rivelare un segreto"**.

Origini mitologiche

Secondo l'Edda poetica di Snorri Sturluson, tra le più celebri opere della mitologia norrena, le rune hanno origine divina: lo stesso dio Odino della stirpe degli Asi, in un atto di puro e amorevole sacrificio finalizzato alla condivisione della **saggezza** con l'umanità, raggiunge i confini del mondo dove ai piedi del sacro albero Yggdrasil[3], il frassino cosmico, sono custoditi i segreti delle origini della vita e della natura.

Nei pressi della terza radice di Yggdrasil si trova la fonte di saggezza protetta dal gigante Mimir, al quale Odino sacrificherà addirittura un occhio pur di poter ottenere il permesso di abbeverarsi e la facoltà di donare la saggezza acquisita agli uomini, che al tempo venivano percepiti come le creature più crudeli della creazione, anche perché in principio erano stati forniti soltanto di conoscenza.

---

3. Conosciuto anche come l'Albero della Vita

Essendo la saggezza un qualcosa che si raggiunge solo col tempo e l'esperienza, finivano spesso e volentieri col perdersi prima di raggiungerla, utilizzando la loro sapienza in modo inadeguato.

Origini storiche

Volendo trovare un modo semplice per descrivere un qualcosa di estremamente complesso che presenta diversi livelli di profondità, possiamo immaginare le Rune come un antico sistema di comunicazione condiviso nel tempo da diverse culture, partito forse dall'Asia e diffusosi in qualche modo anche in Europa.

Purtroppo la grande carenza di documentazione storica rende molto difficile l'elaborazione di dati precisi in proposito.

Alcuni ipotizzano che le loro origini vere e proprie possano risalire a variazioni di linguaggi preesistenti come il latino o l'etrusco, sebbene Il Nord Europa ne abbia sempre rivendicato la diretta maternità, essendo a tutt'oggi un elemento molto presente nella cultura nordica, da sempre contraddistinta anche dal grande senso di patriottismo, che si mantiene molto vivo.

In base all'Edda di Sturluson però è la stirpe divina

degli Aesir (gli Asi) a portare il linguaggio runico agli uomini. Gli Asi erano effettivamente gli asiatici, provenienti da Troia, nell'attuale territorio turco.

Del resto è recentissima ad esempio la scoperta scientifica della presenza dei vichinghi in America 1000 anni fa (prima di Colombo dunque) che sottolinea il fatto che molto poco in realtà sappiamo delle nostre origini e della realtà delle mescolanze culturali.
Viviamo tempi che smentiscono i libri di storia e non solo quelli.

A ogni modo l'utilizzo delle rune si consolida nell'Età del Ferro (700 a.C. - 78 d.C. ca.) come probabile evoluzione di linguaggi risalenti già all'Età del Bronzo. Queste costituiscono un vero e proprio alfabeto, con valori fonetici ma non soltanto.

Ciò che le rende interessanti infatti, sotto l'aspetto antropologico, è il valore morale che a ciascuno di questi simboli viene attribuito: a ogni carattere infatti corrisponde un preciso stadio evolutivo dell'Umanità dalla nascita fino alla morte, passando per temi intensi come la ricerca di se stessi, l'elevazione, la crescita interiore, la spiritualità, la tempra del carattere e la relazione con il proprio io, con gli altri e con l'universo.

Le rune simboleggiano a loro modo quello che dovrebbe essere lo sviluppo lineare del corretto ciclo vitale dell'essere umano inteso proprio come animale e essere vivente in totale contatto con la natura e in armonia con le leggi cosmiche.

Sono strettamente legate l'una all'altra e ciascuna risulta fondamentale per un corretto sviluppo cognitivo, morale, sentimentale o anche più semplicemente (volendo riassumere con un termine più completo) psicofisico della persona.

Umani di oggi

E la facciamo ancora, se vogliamo andare a vedere, quella cosa di utilizzare le nostre conoscenze senza saggezza: ad esempio stiamo annientando l'ecosistema nel quale viviamo: siamo gli unici animali che lo fanno. Perché abbiamo dimenticato il nostro regno di appartenenza. Siamo gli unici che distruggono e inquinano, gli unici che sfruttano senza restituire.

I rigidi dettami sociali che siamo costretti a seguire per imposizione, ci hanno allontanato dalla nostra natura primaria di esseri umani: animali razionali, in diretto contatto con la natura, generati all'interno di un sistema compiuto dove tutto è calcolato e interconnesso.

Non esistono elementi lasciati al caso in questa macchina perfetta.

Il nostro pianeta è un sistema chiuso all'interno del quale nulla si crea e nulla si distrugge, ma tutto si trasforma.

Ogni singola forma di vita presente sulla Terra - dove si intende anche la vita silenziosa degli elementi, della pietra e la flora e la fauna - possiede una propria coscienza (spesso anche una memoria) e svolge un compito fondamentale, indispensabile per il corretto sostentamento dell'insieme.

Tutto ciò che è presente in natura lo è per uno scopo ben preciso e tutto quello che abbiamo distrutto senza ricostruire e preso senza restituire al nostro habitat naturale dai tempi dei primi boom economici (quando ignoravamo totalmente la pericolosità di certe cose che adesso sappiamo benissimo essere nocive) fino a ora, dopo aver volontariamente ignorato per anni i concetti di **eco-coscienza – eco-sostenibilità,** è probabilmente quello che ci ha condotti a vivere questi drammatici tempi moderni, all'insegna della più totale incertezza per il presente, impossibilitati alla proiezione verso il futuro, proprio per ricordarci che abbiamo preso le distanze dalla nostra funzione originale troppo a lungo.

Ricordo che già negli anni novanta (quindi trent'anni fa), trent'anni fa ormai, si parlava per esempio del buco dell'ozono. Se è vero che quel danno siamo stati capaci nel tempo di limitarlo, abbiamo comunque continuato a perpetrare comportamenti autodistruttivi.

Se da quel momento invece avessimo adottato serie pratiche sostenibili e iniziato a comprendere il concetto che dobbiamo cercare di non intaccare l'ambiente in cui viviamo, ci saremmo probabilmente risparmiati quella che è la condizione attuale.
Siamo davvero l'unica specie animale fondamentalmente distruttiva: continuiamo a inquinare persino dopo morti per colpa del moderno culto effimero della bellezza.

Trovo palese il collegamento tra lo scioglimento dei ghiacciai nelle zone fredde del globo con i feroci incendi in zone aride, tutto è connesso e non riesco a non vedere nel quadro generale l'innesco di un sistema di autodifesa, di protezione ed epurazione messo in atto dal Pianeta stesso (che è **VIVO**) nei confronti di noi che siamo gli unici esseri che non si preoccupano della salvaguardia dell'intero sistema.

Se io ho un rapporto con una persona e la maltratto, la sfrutto, le faccio violenza e non la rispetto in più e più modi, questa prima o poi si ribellerà, si allontanerà o si lascerà morire quel tanto da non essere più fruttuosa per me.

In ogni caso ritengo più naturale credere in questo che a qualunque teoria cospiratoria reperibile sul web, perché di base sono il tipo di persona che si assume le proprie responsabilità.
Un giorno la scienza mi smentirà o mi darà conferma, in ogni caso io integrerò il responso e mi evolverò, perché l'essere umano, a differenza del pianeta che occupa, è un sistema aperto.

Volendo riassumere questa digressione un po' complessa, la cultura runica non mi appartiene direttamente, questo non avendo avuto l'onore di nascere in quelle incredibili e meravigliose terre, ma ritengo che l'umanità abbia l'attuale necessità di sentirsi ancora sussurrare questi antichi segreti, essenziali e pregni di saggezza e stabilità, di ordine e linearità in un momento di incertezza e di delirio globale.

Vista l'instabilità che ha iniziato a regnare sovrana nel mondo dei contatti umani e delle istituzioni, a fronte di un necessario cambiamento radicale, di una presa di coscienza collettiva a cui ciascuno di noi è stato singolarmente chiamato, ritengo sia bene poter contare sul consiglio di una saggezza antica che è rimasta nel tempo inalterata.

Una saggezza disinteressata, scaltra e solida. Un punto di vista atavico, esterno e pulito, semplice e sistematico, in grado di aiutarci a fare ordine nella nostra struttura, così da rientrare almeno in contatto con noi stessi.

Una volta tornati in contatto con noi stessi tutto il resto seguirà il flusso naturale della nostra realizzazione.

Il Tema natale runico

Le rune possiedono inoltre una connotazione temporale come i segni zodiacali, ma distribuita ovviamente in maniera diversa nel calendario astrologico: è dunque possibile in base alla data di nascita, risalire alla propria runa natale.

Lla pratica di attribuire una connotazione

astrologica alle rune, come anche il loro stesso utilizzo all'interno di un oracolo a scopo divinatorio ha senz'altro una concezione più moderna rispetto alla loro origine storica, probabilmente applicata solo in seguito da movimenti neopagani dall'Europa al Medio Oriente e giunta fino a noi oggi.

Per chi non avesse familiarità con il concetto di tema natale possiamo definirlo come una rappresentazione grafica dell'esatta disposizione dei pianeti nel preciso istante in cui siamo venuti al mondo.

La deduzione dell'influenza astrale presente al momento della nascita è calcolabile in base alla conoscenza di informazioni ovviamente dettagliate relative a luogo, data e ora della stessa.

La conoscenza del proprio tema natale serve ad avere una maggiore coscienza di sé, del proprio potenziale e della propria direzione nell'infinito delle possibilità.

Una pratica molto diffusa è anche quella di individuare la propria runa natale e accostarla all'analisi del proprio nome scritto in alfabeto runico, sempre nel tentativo di cogliere quel qualcosa in più riguardo noi stessi e la nostra proiezione nel mondo che viviamo.

Introduzione all'Elder Futhark

Futhark/Uthark, una distinzione

Essendo questo sistema di comunicazione estremamente antico e culturalmente promiscuo, presenta variazioni basilari e una diversità di utilizzi; quindi secondo la cultura di riferimento e in considerazione della carenza di accurata documentazione storica, è difficile dare connotazioni precise rispetto alle origini esatte, ma si può dire a grandi linee che le rune venissero utilizzate inizialmente da figure religiose/mistiche per trascrizioni di testi sacri o magici e solo in seguito anche dal popolo per affermazioni, celebrazioni, necrologi o proposte amorose. Statement che immagino applicabile a qualsiasi sistema di comunicazione esistente divulgatosi nel creato (alcune iscrizioni storiche rinvenute nei secoli dicono anche cose semplicissime del tipo: "tizio è stato qui", per intendersi). È normale che qualsiasi cultura venga divulgata principalmente dagli eruditi e solo in seguito assimilata e applicata anche dal popolo.

In generale possiamo connotare una diversa suddivisione alfabetica in base all'ordine di utilizzo di questi caratteri.

La distinzione **FUTHARK/UTHARK** infatti dipende da quale runa dell'alfabeto si vuole prendere in considerazione come principio nella lettura.

Esattamente come il concetto della tastiera QWERTY, questi termini indicano le prime lettere lette, fissando uno specifico punto di inizio della lettura, necessario fondamentalmente perché le rappresentazioni runiche antiche apparivano pressoché in forma circolare (volendo probabilmente andare a sottolineare anche il concetto di ciclicità dell'esistenza).

Recitare le rune dalla prima all'ultima assume dunque il valore di preghiera e meditazione: GALDR è il termine che viene utilizzato per definire il canto runico.

Nella cultura nordica è presente anche una forma di espressione fisica della runa come esercizio ginnico (una sorta di yoga runico, diciamo), chiamata STAV.

La Stav è composta da un insieme di movimenti semplici ma efficaci, che possono essere approcciati da qualunque fisicità (a differenza di certi aspetti dello Yoga tradizionale che magari un po' possono scoraggiare chi non è particolarmente allenato o chi ha una certa età, come anche solo chi è semplicemente, comprensibilmente pigro) e fornisce all'organismo lo stesso principio di compiacimento e beneficio che viene dal completamento di una qualsiasi altra attività fisica strutturata (con un principio, un inizio, una fine) in senso sportivo/meditativo.

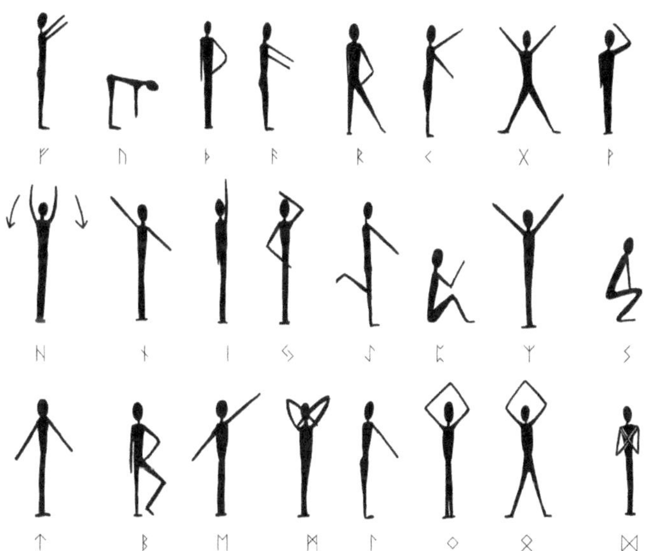

Figura 1: Stav - Le posizioni

Alcuni addirittura la praticano con i criteri sportivi di un'arte marziale leggera paragonabile al Tai Chi.

Questa disciplina ha origini probabilmente più moderne rispetto alla cultura runica generale. Va in ogni modo a sottolineare il concetto che fare qualcosa di semplice con costanza porta sempre e comunque i suoi benefici, anche per il semplice fatto di aver fatto qualcosa.

Trovandoci inoltre in un particolare momento dove molti di noi sono limitati nel movimento fra chi prima lavorava tutto il giorno e ora è costretto in casa o chi ormai lavorando in casa non esce quasi più, acquisire una routine fisica anche semplice ma costante e strutturata, aiuta a mantenersi attivi ma soprattutto aiuta a distrarsi: a staccare il cervello un momento dalla giornata di lavoro e quella di riposo che si svolgono magari nello stesso salotto.
Aiuta a canalizzare le energie e se necessario anche a sfogare la rabbia.

Bastano anche dieci minuti al giorno di spazio personale per sentirsi più sereni. La meditazione a ogni modo viene in mille forme e colori a proporsi come strumento di potenziamento ed evasione per ciascuno di noi; bisogna solo individuare cos'è che ci accende e avere la cura di dedicarci del tempo con costanza: i risultati saranno stupefacenti.

Stav era il nome del bastone cerimoniale utilizzato dalle Völva, che praticavano l'arte della divinazione e celebravano il loro culto anche attraverso la musica.

La Völva era una figura di rilievo nella società; molto ben vista e consultata in caso di decisioni importanti anche dalle grandi personalità dell'epoca.

Persino gli Jarl, i signori delle terre, andavano da loro a cercare responso in caso di difficili missioni.

Mistica guaritrice e profetica consigliera, libera di viaggiare tra i piani e di condurre gli altri in viaggio durante intensi cerimoniali danzati, cantati, suonati..

Curiosità a parte, ora siamo pronti per andare a conoscere il Futhark.

Personalmente utilizzo il **FUTHARK,** che è il sistema runico più antico (da lì la definizione "Elder"), perché risuona maggiormente con la mia etica e la mia visuale; ciascuno sarà poi libero alla fine delle nostre considerazioni, di utilizzare il percorso più adeguato alla propria ascesa.

Trattandosi di una visione **circolare**, quindi anche **olistica** delle cose, ogni approccio è quello giusto e ogni aspetto verrà integrato in base alle necessità e alle aspettative personali.

Cosa si intende quando si parla di olistico?

Interconnesso, collegato. Tutto è connesso, nulla è casuale.

A ogni azione corrisponde una precisa reazione e tutto va ricondotto ai principi basilari del corretto equilibrio del giusto scambio nel dare e avere nei

Il Futhark circolare, con all'interno la rete di Wyrd, la Ragnatela Cosmica.

confronti dell'universo, di noi stessi e del prossimo.

Non ha importanza se andiamo a vedere, quale sia il punto di inizio di una ruota; quello che conta davvero è che svolga la sua principale funzione, ovvero continuare a girare (*Rotas opera tenet*).

Prima di approfondire questo argomento vorrei chiederti di scegliere, fra questi simboli, quello che ti piace di più o che ti incuriosisce, quello che ti parla.

Scegli una runa per te.

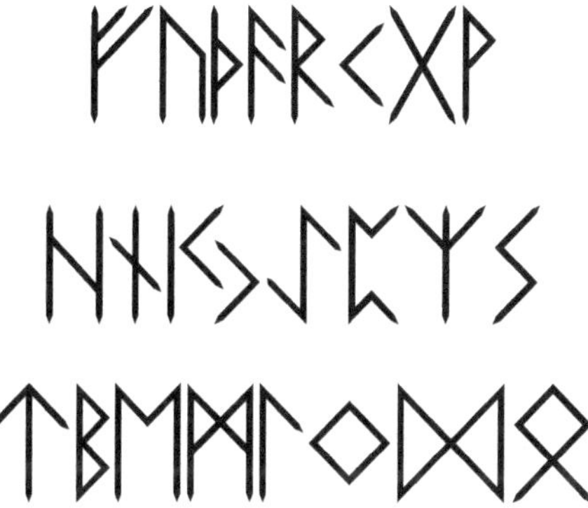

Quando andremo ad analizzare ciascun significato potrai stabilire se c'è un'attinenza fra la runa scelta e il tuo momento esistenziale.

Non è tanto importante l'approccio a ogni modo, quello che conta è la risoluzione.
Quello che vogliamo ottenere alla fine è che ciascuno

abbia modo di fare liberamente le proprie considerazioni: si cerca di distribuire strumenti per la libertà individuale, semplici elementi di autoanalisi.

Spesso e volentieri può capitare di scegliere una runa che corrisponde al proprio momento di vita, a un proprio desiderio, una necessità o una caratteristica personale preponderante.

Nota sulle citazioni

Le citazioni che di tanto in tanto incontrerete durante la lettura sono tratte dall'Edda poetica di Snorri Sturluson mentre i poemi runici sono i classici tratti dagli antichi manoscritti anglosassone, islandese e norvegese, i più andati purtroppo persi o distrutti nel tempo, quello che resta è conservato in gran parte nei musei.

Mi sono permessa un leggero adattamento delle diverse traduzioni confrontate nel tempo (ulteriori fonti tornate molto utili si citeranno nei ringraziamenti finali) al fine di poter ottenere una maggiore musicalità nella lettura di queste affascinanti poesie che con sintesi e infinita praticità trattano argomenti profondi arrivando dritte al punto e lasciando spazio anche alla riflessione che ne segue inevitabile.

Considerazioni sui poemi runici

I poemi runici possiedono un potere comunicativo elevatissimo ripartito in chiavi stilistiche nettamente differenti: impossibile non notare la sintesi che cresce esasperatamente in base al clima e le sue avversità: mentre i poemi runici anglosassoni sono spesso più lunghi e romantici, con note anche colorite, quelli islandesi ad esempio sono brevi e molto semplici, con tematiche fondamentalmente inerenti alla natura.

I poemi runici norvegesi invece, leggermente più sintetici, aspri e severi, esprimono la piena difficoltà della società che vive in "survival mode", e per le rune "più belle" - concetto che esprimo tra virgolette perché è una semplice valutazione personale e ciascuno è libero di fare le sue valutazioni in merito - come ad esempio Gebo, Wunjo o Ehwaz, il poema norvegese purtroppo non esiste.

Tre modi di vedere le cose importanti della vita alla

giusta maniera, ciascuno nei suoi contesti, con le proprie possibilità, tramandati nei secoli per permetterci di trarre ispirazione, di poterli adattare ai nostri contesti, con le nostre possibilità.

Gli Aettir

Composto da 24 caratteri, il Futhark si suddivide in tre sottogruppi, chiamati **AETTIR** (famiglie).

Ciascun Aettir conta **8 caratteri**, è presieduto da una divinità e corrisponde a una fase evolutiva precisa nella vita dell'essere umano.

Il primo è quello di **FREYA**, che è dea dell'amore, della fertilità, della bellezza e dell'opulenza; accostabile a Venere/Afrodite ma anche ad Atena, essendo tra l'altro dea della guerra; la parola *freya* significa anche "signora".

"La sua sala, Sessrúmnir,
è grande e bella .
Quando viaggia Ella siede
su un carro tirato da due gatti."

Freya è l'immagine della donna indipendente e pura. Libera nel suo potere, secondo la leggenda si dice viaggiasse assumendo forma felina, anche se molto cari a lei erano gli animali tutti, in particolare anche il cinghiale e la femmina di cane.

Questo Aettir è inerente a quelli che sono i valori iniziali dell'umanità: simboli arcaici e primordiali che guidano alla sopravvivenza, alla ricerca del significato dell'esistenza, alla realizzazione.
Quindi sostanzialmente siamo sotto la protezione di Freya per quello che riguarda nascita, crescita e raggiungimento dell'indipendenza.

Una volta raggiunta un'indipendenza si verificherà il fatto naturale di desiderare "quel qualcosa in più"; il bisogno di scoprire se stessi e di elevarsi, di conoscere il proprio pieno potere.
Qui subentra l'Aettir di **HEIMDALL**.

Heimdall, il Dio Bianco (detto così per il colore delle sue vesti e lo splendore del metallo della sua spada), considerato anche creatore e custode dell'ordine dell'umanità, è la potenza che ci guida attraverso le grandi prove della vita, le sfide che forgiano il carattere e ci insegnano a stare al mondo, ad apprendere il nostro reale valore.

Heimdall è il custode di Asgard, guardiano del Bifrost (il ponte che unisce il mondo delle divinità alla terra, che per noi equivale all'arcobaleno) e protettore degli dei; il suo potere e la sua disciplina sono immensi.

"Prole di nove madri, figlio di nove sorelle
egli è noto come grande e santo."

Guidati da lui diventiamo forti e responsabili, volenterosi di investire nelle nostre capacità.

A questo punto si sarà finalmente pronti alla concretizzazione delle conoscenze acquisite tramite esperienza, alla gestione del potere in sintonia con le leggi cosmiche e all'esercizio della saggezza attraverso l'Aettir di **TYR**, dio del fuoco, della giustizia e della guerra, accostabile a Marte /Ares, Efesto / Vulcano.

Dio della guerra, fabbro e privo di una mano anche nella mitologia nordica, Tyr soffia infaticabile, ha la forza e l'esperienza, il potere del fuoco e tutte le sue applicazioni.

La strategia, la sapienza, la fermezza, la stabilità.

Era considerato estremamente intelligente e saggio anche se (per ovvi motivi, inerenti alla perdita della sua mano) non particolarmente amante dello scendere a patti col genere umano.

Sotto Tyr si raggiunge la completezza dell'essere umano, costituito dalle sue emozioni, dalle sue esperienze e dai contesti nei quali si muove scientemente.
La piena coscienza di sé e del proprio potere si completa in quest'ultimo Aettir, dove ci scopriamo legati alle nostre radici ma liberi nel cosmo.

Adesso abbiamo le basi per andare ad assimilare gli insegnamenti della sacra triade nordica attraverso la scoperta del significato delle singole rune e dei poemi che le accompagnano.
Analizzeremo il significato di ciascuna runa all'interno del Futhark prendendo in considerazione anche il suo rovescio, il messaggio nascosto nei poemi e le attinenze che possiamo riscontrare in altre culture popolari.

Questo percorso ci guiderà possibilmente verso una maggiore consapevolezza relativa al nostro essere, volendo cercare un continuo miglioramento nel nostro sé, saremo accompagnati dalla necessità di comprendere meglio noi stessi e quello che abbiamo attorno per raggiungere il nostro pieno potere.

Nel necessario desiderio di evitare di svolgere la nostra esistenza in modo passivo all'interno di questo susseguirsi di eventi che chiamiamo vita, siamo qui per conoscere profondamente noi stessi, in modo da ottenere quella pienezza che ci darà la forza di procedere in modo ordinato e soddisfacente, semplice e fondamentale, lanciati verso la nostra realizzazione personale.

FEHU

IL DONO DELLA VITA

29 Giugno/13 Luglio

Oracolo: fertilità; gestazione; nascita; abbondanza; rigoglio; vita; gratitudine; generosità; nutrimento; dipendenza; vulnerabilità; amore incondizionato; il rapporto con la natura; fiducia; perseveranza; successo; fortuna; guadagno; condivisione; il possesso; la crescita; l'estate.

Capovolta: ostacoli; difficoltà; direzione sbagliata; gelosia; perdita; avidità; aridità; povertà; fallimento; pagamenti dovuti; schiavitù.

Valore fonetico: F

Poema runico norvegese:

La ricchezza
è causa di discordia fra parenti
la foresta
è dimora del lupo.

Poema runico anglosassone:

La ricchezza è di conforto per tutti
ma deve distribuirla con generosità
chi vuole ottenere la grazia di Dio.

Poema runico islandese:

La ricchezza
è causa di discordia fra parenti
e fuoco del mare
e sentiero del serpente.

Questa runa ci accoglie al mondo e questo è pieno di meraviglie da scoprire ma anche di insidie dalle quali imparare a guardarsi bene.

Possiamo quindi trarre da Fehu la necessaria consapevolezza che uno stato di grazia solleverà sempre negatività e invidia da parte delle persone che non vogliono realmente il nostro bene.

Il primo crudo insegnamento che ci viene posto, il primo con il quale faremo i conti, imparando a stare al mondo.

La miseria della fortuna infatti giace nel non sapere chi ci frequenta per la nostra ricchezza materiale o per la nostra bellezza fisica e chi invece ci frequenta perché siamo realmente noi.

È di vitale importanza distinguere chi ci vuole onestamente bene da chi ci vuole solamente manipolare e sfruttare per il proprio interesse: la permanenza in rapporti sbagliati minerà inevitabilmente il nostro istinto di conservazione.

Tema natale

I nati dal 29 Giugno al 13 Luglio sotto l'influenza runica di Fehu, sono persone generalmente allegre, molto sensibili, amanti della natura.

Fanno le cose con energia e grande entusiasmo, sono fiduciose e perseveranti, non mancano di pazienza.

Caratterialmente molto portati per la gestione economica e domestica, sono protettivi, di forte indole materna/paterna, amano la tradizione, condividere e prendersi cura delle persone.

Hanno il pollice verde e infondono sicurezza; energici e fortunati, orientati a raggiungere il successo con semplicità in tutto quello che fanno, sanno come ottenere quello che vogliono, difficilmente lasciano le cose a metà.

Corrispondenza zodiacale: Cancro.

URUZ

L'ISTINTO DI SOPRAVVIVENZA

14/28 Luglio

Oracolo: il toro selvatico; istinto primordiale; istinto di conservazione; forza; audacia; volontà; salute; tenacia; valore; coraggio; fiducia in se stessi; sessualità; iniziazione; sfida; senso pratico; resilienza; azione; vitalità; aggressività; i mutamenti del cielo: piogge, tempeste.

Capovolta: stagnazione; debolezza; carenza energetica; violenza; insensibilità; inazione; cattiva salute; abuso; rabbia; frustrazione; dipendenza.

Valore fonetico: U

Poema runico norvegese:

> Le scorie provengono
> dal ferro cattivo
> spesso la renna pascola
> sulla neve gelata.

Poema runico anglosassone:

> Il toro selvatico
> bellicosa e cornuta belva feroce
> con le corna lotta.
> Indomito attraversa le brughiere:
> creatura affascinante!

Poema runico islandese:

> La burrasca
> è pianto per le nuvole
> e rovina per il raccolto
> e disperazione per il pastore.

Uruz ci insegna dunque che è bene essere forti ed energici e anche decisi nel farsi valere, ma volendo utilizzare un pizzico di saggezza popolare dei nostri vecchi proverbi, "*il troppo stroppia*".

Bene è ritagliarsi il proprio spazio personale ma male è farlo a discapito degli altri: la libertà individuale prevede il rispetto degli spazi altrui.

Dobbiamo essere ben coscienti che quelli che sono i nostri bisogni corrispondono ai bisogni di tutti e cercare di soddisfarli nel rispetto della collettività. Importantissimo è mantenere sempre il controllo sui nostri impulsi.

Uruz rappresenta anche l'aggressività che può scaturire dall'eccessiva permanenza in condizioni avverse e quella sfumatura di carattere che può far sì che qualcuno venga definito "brusco" o "burbero".

Tema natale

I nati dal 14 al 28 luglio, nell'influenza runica di Uruz, sono persone estremamente solari, hanno una carica energetica grandissima: sono forti, intraprendenti, divertenti, audaci e coraggiose, hanno uno spirito indomito, in alcuni casi anche un po' ribelle, sono votate all'azione.

Sono persone di gran cuore, amici fidati, sempre disponibili. Amano stare all'aria aperta e sentirsi liberi e indipendenti.

Sono portati alla leadership e alla mentalità

imprenditoriale, ottimi parlatori, ottimi venditori.

Vanno pazzi per i festeggiamenti e la loro socialità è smisurata: apprezzano la compagnia ma sanno stare anche da soli. Sono creativi, eccellono negli sport, hanno grande carisma, si sanno imporre in tutte le situazioni e non restano mai con le mani in mano.

Corrispondenza zodiacale: Leone.

Þ

THURISAZ

L'ISTINTO DI CONSERVAZIONE
LA DIFESA DEI CONFINI

29 Luglio/12 Agosto

Oracolo: il dio Thor; la spina; il gigante; difesa; protezione; affrontare il nemico; successo; nuove imprese; potere; sopravvivenza; azione correttiva; giusta decisione; resistenza.

Capovolta: necessaria prudenza; eccesso di zelo; circospezione; riflessione; vulnerabilità; conflitto; litigio; malattia; caos; problemi; aggressività; malevolenza, attacco, cambiamenti senza preavviso.

Valore fonetico: PH / TH

Poema runico norvegese:

> Il Gigante
> è causa di angoscia per le donne
> la sfortuna
> rende chiunque ben poco allegro.

Poema runico anglosassone:

> Aguzza è la spina
> guai al guerriero che
> tenti di afferrarla
> è senza misura crudele
> per chi le giace accanto.

Poema runico islandese:

> Il gigante
> è tortura delle donne
> e abitante delle rupi
> e marito di una gigantessa.

Thurisaz ci ricorda il concetto di sacralità del nostro spazio individuale, la difesa della nostra privacy, il necessario rispetto dei nostri limiti.

Ci avvisa allo stesso tempo anche del pericolo in cui si incappa quando ci si relaziona con una persona che sta estremamente sulla difensiva e più in generale esplicita che tenere delle difese alte è si giusto, ma tenerle troppo alte può ferire chi ci sta vicino e impedirci lo sviluppo di un corretto rapporto affettivo basato sulla fiducia.

Apprendere il giusto concetto di confine è importante, anche perché si evita di mancare di rispetto a chi ha dedicato tempo ed energie a costituire un proprio spazio vitale.

Nel poema runico islandese si intuisce per esempio un chiaro rimando al rispetto dei confini nell'ambito delle relazioni, come a dire: se frequenti un uomo sposato perché magari è ricco o particolarmente influente (un gigante), dovrai prima o poi incappare nelle giuste e comprensibili ire di sua moglie.

La tua libertà finisce quando inizia quella degli altri, diceva Kant. Il rispetto dello spazio, della privacy e dei limiti personali è un valore imprescindibile dall'umanità; sia nei confronti di noi stessi che di chi ci è vicino: la comprensione delle misure da utilizzare per muoversi nel mondo è fondamentale, per un corretto svolgimento di tutte le nostre interazioni sociali, in tutte le sfere.

Con Thurisaz gettiamo le basi della civiltà.

Come non dobbiamo invadere eccessivamente lo spazio degli altri, così dobbiamo stare bene attenti anche a non cedere loro troppo del nostro: quante volte può capitare in ambito professionale ad esempio, di venire "spremuti" perché non si dice mai di no?

Oppure di finire sotto il giogo di un partner eccessivamente geloso che pretende di controllare ogni minuto del nostro tempo perché non è in grado di fidarsi realmente di noi?

Il compromesso è giusto ed è alla base di ogni forma di accordo fra terzi, indispensabile alla correlazione tra esseri umani; ma dobbiamo stare molto attenti alle condizioni che accettiamo. Se lasciamo che qualcuno approfitti di noi senza reagire (dove per reagire intendiamo anche semplicemente prendere le distanze) questi penseranno di poterlo fare sempre.

Thurisaz ci sprona a mettere i proverbiali paletti con rigore e attenzione, nel rispetto del territorio del vicino.

Questo punto fondamentale nel concetto di sviluppo

dell'essere umano segna un preciso limite.

Se non impariamo in fretta quali spazi condividere e quali spazi preservare nella vita, finiremo sempre per trovarci in situazioni scomode, con persone che costantemente approfittano di noi o con persone che insistentemente lamentano di non essere rispettate dai nostri atteggiamenti. Avremo sempre dei problemi se non impariamo a difenderci e a rispettare i confini, a prescindere da chi e per quale motivo i confini in questione siano stati posti, noi stessi compresi.

I limiti vanno rispettati.

Tema natale

Thurisaz è la runa del Dio Thor.

I nati dal 29 Luglio al 12 Agosto sono forti e indipendenti, energici, ordinati, autorevoli, intuitivi, possenti, efficaci.

Persone sveglie, spigolose e combattive: lasciano il segno. Si impongono, sono coraggiosi, si fanno rispettare. Sono pieni di idee e sanno sempre cosa fare; propensi al problem solving, non si lasciano scoraggiare da niente e da nessuno.

Nel negativo possono tendere a essere troppo sulla difensiva, possono anche a volte essere percepiti come aggressivi; ma è normale, essendo animi particolarmente accesi. Possiedono grande entusiasmo, tenacia, imprevedibilità.
Energia e direzione, potenza e controllo.

Corrispondenza zodiacale: Leone.

ANSUZ

LA CHIAMATA
LA VOCE DELLO SPIRITO

13/28 Agosto

Oracolo: il dio Odino; il Suono creatore; facoltà superiori; intelligenza; sentimento; intuizione; consigli onesti; indicazioni; segnali e messaggi dall'universo; doni; studio; notizie; comunicazioni; capacità di scrittura/linguaggio/guida; leadership; insegnamento; verità; aiuto spirituale; vocazione.

Capovolta: cattivi consigli; falsità; intrigo; vanità; fraintendimenti; perdita; tradimento; disonestà; perfidia; slealtà; nevrosi; inconsapevolezza.

Valore fonetico: A

Poema runico norvegese:

> L'estuario è la via
> della maggior parte dei viaggi,
> ma serve il fodero
> per la spada.

Poema runico anglosassone:

> Il Suono creatore
> fonte del verbo
> sostiene la saggezza
> consola i savi
> gioia e speranza
> dei cavalieri.

Poema runico islandese:

> Dio è un antico goto
> e principe di Asgard
> e signore del Valhalla.

Ansuz ci ricorda che per difendere i nostri ideali e seguire le nostre aspirazioni potremmo di tanto in tanto essere costretti anche a combattere.

Ci mostra l'importanza di rimanere fermi nei nostri ideali, di non lasciarci condizionare dai fattori esterni, siano essi persone o situazioni: è sempre giusto rispondere alla propria chiamata.

Ansuz significa che fai bene a seguire il tuo istinto e a fare quello che ti senti, senza il bisogno dell'approvazione di nessuno in particolare. Non dobbiamo mai permettere alle persone di minare al nostro entusiasmo, di cambiare il nostro approccio alle cose della vita, di dettare le nostre necessità e soprattutto le nostre priorità.

Non dobbiamo permettere a nessuno di spegnere la nostra luce.

Ansuz è la profonda volontà di perseguire la propria visione, è il cammino che si fa nitido davanti ai nostri occhi, la strada che il cuore ci dice di seguire senza remore, senza paura.

Questa runa molto intensa ci guida alla scoperta della nostra vera essenza, ci mette in diretto contatto col nostro spirito e la nostra passione.

Quando sentiamo la chiamata non possiamo evitare di rispondere, altrimenti saremo infelici e frustrati, ci sentiremo vuoti e privi di significato in assenza di uno scopo da perseguire.

È importantissimo tenere sempre a mente che chi ci ama non ci allontanerebbe mai dal nostro scopo e chi ci impone una scelta che includa la rinuncia ai nostri sogni, in realtà non ci ama davvero, ci vuole solo egoisticamente manipolare/controllare.

Ansuz è la massima ispirazione, la ricerca attiva della realizzazione, la profonda fiducia in noi stessi e nelle nostre capacità.

Tema natale

Questa influenza runica copre i nati dal 13 al 28 Agosto.

Persone carismatiche e affascinanti. Abili parlatori, colti, aggiornati, portati per l'insegnamento, i nati sotto il segno di Ansuz sono sicuri di sé e capaci di infondere negli altri la loro sicurezza.

Sono mentalità aperte, ottimi coach, ottimi leader.

Onesti e volenterosi, tendono alla testardaggine; è importante porgere loro le critiche in modo costruttivo, altrimenti potrebbero non accettarle.

Portano sempre a termine quello che hanno iniziato, sono creativi e costituiscono fonte di ispirazione per chi hanno vicino.

Corrispondenza zodiacale: Leone, Vergine.

RAIDO

IL VIAGGIO DELL'EROE

29 Agosto/12 Settembre

Oracolo: viaggio; autonomia; indipendenza; ricerca; avventura; responsabilità; guida; redini; la giusta via; l'ordine delle cose; la corretta valutazione; esplorazione; vacanza; scoperta; nuovo inizio; movimento; presa di controllo; direzione; comando; ritualità; cerimonie; processi; promozione.

Capovolta: Impedimenti; inconvenienti; difficoltà; regressione; stagnazione; blocco; corruzione; rallentamento; dittatura.

Valore fonetico: R

Poema runico norvegese:

Si dice che cavalcare
sia la cosa peggiore per i cavalli,
che le spade migliori
furono forgiate dalle divinità.

Poema runico anglosassone:

Cavalcare è il conforto
di ogni guerriero
coraggioso è colui che cavalca
un possente destriero
per molte miglia.

Poema runico islandese:

Cavalcare
è gioia per il
cavaliere
e viaggio veloce
e fatica per il destriero.

Raido ci dice che muovendosi per una giusta causa si farà grande fatica, ma si otterrà potere e grande soddisfazione.

Il concetto di **viaggio dell'eroe**, che si ripropone in diverse culture, per ribadire l'importanza di sperimentare; di abbandonare la propria zona di comfort alla ricerca dell'avventura che possa accendere in noi il fuoco della passione.

Iniziare a esplorare il mondo esterno per completare quello interno; Raido è l'emblema della ricerca e della vitalità, l'energia della gioventù, il sapere di non sapere, la volontà di espandersi.

Tema natale

L'energia runica di Raido anima i nati dal 29 Agosto al 12 Settembre.

Grande trasporto, intensa fluidità. Sotto questa influenza nascono persone avventurose, simpatiche, ricche di entusiasmo. Amano imparare, scoprire cose nuove, cercano il miglioramento continuo.

Sanno fare di ogni necessità virtù, puntano sempre al meglio con decisione, sono pronti e reattivi. Al negativo possono risultare leggermente egoisti e opportunisti, ma ciò è contestualmente concesso all'interno di una mentalità in cui "il fine giustifica i mezzi": se non si scade nell'eccesso infatti, un po' di sano egoismo e una buona dose di intuito sono doti che ci condurranno lontani.

Corrispondenza zodiacale: Vergine.

KENAZ

IL FUOCO DELLA TRASFORMAZIONE

13/27 Settembre

Oracolo: fuoco; purificazione; cambiamento; illuminazione; guarigione; crescita; apertura; elevazione; miglioramento; chiarezza; apprendimento; conoscenza; rivelazione; responsabilità.

Capovolta: difficoltà; rallentamenti; irresponsabilità; chiusura; malattia; stagnazione; testardaggine; buio; superficialità; false speranze; confusione; mancanza di chiarezza; arroganza; ignoranza.

Valore fonetico: K/C

Poema runico norvegese:

L'ulcera
è fatale per i bambini
la morte
rende l'uomo pallido.

Poema runico anglosassone:

La fiaccola a tutti è nota
per il suo fuoco splendente
all'infinito arde
dove i nobili riposano.

Poema runico islandese:

L'ulcera
è piaga fatale per i
bambini
e dimora di sofferenza
e causa di mortificazione.

Kenaz ci insegna a fare i giusti movimenti, perché nel viaggio si incontrano cose belle e brutte e bisogna persistere per sentirsi vivi e prendersi cura di sé stessi e dei più deboli, tenersi lontani dal pericolo.

Si tratta indubbiamente di una runa di crescita e sviluppo, anche di avvertimento, se vogliamo. Ci insegna l'esistenza del pericolo, ma non la diretta esperienza con esso.

La consapevolezza di dover avere cura di noi stessi e di ciò che ci è caro, perché possiamo perderlo.

È l'avvisaglia del dolore.

Il messaggio profondo di Kenaz è che ciò che ci anima va mantenuto vivo e ardente con forza e costanza.

Che dobbiamo impegnarci a trovare una passione che ci accenda e mantenerci sempre attivi, consapevoli della nostra potenza.

In questa runa giace la sicurezza in sé stessi, la forza, la vitalità, la passione, il calore, l'entusiasmo, la forza di volontà. Quando il nostro fuoco interiore non arde è segno evidente che in noi qualcosa non va; che siamo in difficoltà, che stiamo disperdendo le nostre energie.

Kenaz ci stimola a preservare la nostra vitalità, canalizzare le nostre energie su quello che ci fa sentire realizzati.

Mantenere vivo il fuoco interiore è una delle chiavi verso l'eterna gioventù.

Tema natale

I nati dal 13 al 27 Settembre sotto l'influenza runica di Kenaz, sono persone svelte e determinate. Possiedono e trasmettono grande sicurezza, coinvolgono.

Hanno molta energia e ne fanno un buon uso, mantengono vivi gli entusiasmi e i rapporti, sono caldi e credono in quello che fanno.

Socievoli e immediati, comprensivi, responsabili, avvolgenti, pratici. Tendono genuinamente alla condivisione, amano apprendere cose nuove, mantengono le promesse. Meglio non farli arrabbiare: sanno essere scottanti.

Corrispondenza zodiacale: Vergine, Bilancia.

GEBO

L'EQUILIBRIO DELLO SCAMBIO

28 Settembre/12 ottobre

Oracolo: l'unione con le persone amate /con Dio; comunione; relazione; interdipendenza; dono; condivisione; equilibrio; scambio; perdono; sinergia; soul tribe; amore; amicizia; fratellanza; associazione; collaborazione; comprensione.

Gebo è una delle rune che non presentano capovolgimento.
Diverse rune rappresentano archetipi indiscutibili, deterministici, insindacabili, direttamente connessi all'ordine delle cose. Certezze indissolubili, valori intramontabili, inalterabili, fondamentali.
Dopo la notte ci sarà necessariamente il giorno, non lo possiamo cambiare.
Il giusto scambio, se c'è, si vede.

Valore fonetico: G

Poema runico anglosassone:

Il dono è ornamento
e lode per gli uomini
grande onore e dignità:
porta conforto e sostegno
a coloro che non possiedono nulla.

____

Giunse al fin
dopo tanto errare
 il dono tuo di vita
come misero viandante
che alla tavola del re
sia convitato.
Accogli con letizia ciò che
in cielo viene ordinato.
Ciò che bussa alla tua porta
anche se porta lacere vesti
è sempre un messaggero
di volontà celesti.

Gebo ci mostra la bellezza della condivisione. La giustezza dell'equilibrio nello scambio, alla base della sinergia che alimenta l'ordine cosmico.

Tutto ciò che viene adeguatamente nutrito e mantenuto sopravvive e prospera rigoglioso nel tempo.

Il giusto equilibrio nella condivisione rende ogni essere umano libero e ricco, nella piena espressione del proprio essere, nel pieno rispetto dei propri bisogni e di quelli del prossimo, in totale comunione, armonia e unione profonda, in accordo stabile con le energie circostanti.

Gebo testimonia la volontà e la necessità umana dello stare insieme, mantenendo il proprio valore e la propria individualità, sentendosi attivamente parte di un contesto. Il senso di appartenenza, di familiarità, di comunità, di equo scambio. *Do ut des.*

L'arte di amare intesa come il concetto del fiore di Fromm, dove non si coglie un fiore meraviglioso per vederlo appassire lentamente nell'agonia del vaso con un goccio d'acqua che è il nostro egoismo ma lo si cura quotidianamente, con tutta la zolla di terra che ha attorno trapiantandolo nel nostro giardino.

Dobbiamo prenderci cura quotidianamente delle nostre persone e mantenere vivi i legami come fossero piante da innaffiare.

Corteggiare ogni singolo giorno la persona amata, ad esempio, non soltanto quando una specifica festività lo impone, per dimostrare che ogni giorno si rinnova una scelta fatta: una scelta responsabile e sentita, una scelta che va continuamente celebrata, perché così si sente chi si unisce per il vero sentimento.

La vera unione si basa sul reciproco incoraggiamento e sulla fiducia totale, sulla protezione, sulla cooperazione.

Un rapporto in cui è impossibile costruire è un rapporto in cui non vale la pena di stare; un dispiego di energie che non rientrerà, andando a lungo termine a esaurire la nostra carica vitale.

Tema natale

I nati sotto il segno di Gebo, 28 Settembre-12 Ottobre, sono persone pacifiche, dolci e tranquille.

Fanno le loro cose con i loro tempi e rinomate per la loro grande generosità, difficilmente restano sole e scompagnate.

Onesti e volenterosi, i nati sotto questa influenza runica sono contraddistinti da grande stabilità e impegno. Le classiche persone tranquille, amici di tutti. Benvoluti e fortunati, i nati sotto questa energia sono persone amorose e pazienti, equilibrate e benevolenti, altruiste, protettive e profonde.

Sono divertenti e si fanno ben volere, si impegnano nelle piccole battaglie che migliorano la vita di tutti i giorni.

Corrispondenza zodiacale: Bilancia.

WUNJO

IL FANCIULLINO INTERIORE

13/27 Ottobre

Oracolo: un ramo carico di frutti; il bambino divino; fiducia; bontà; felicità; purezza; buona fede; benessere; riuscita; appagamento; armonia; abbondanza; gioia; vittoria; guarigione; successo; realizzazione di desideri; soddisfazione; innocenza; entusiasmo; gloria; rispetto; solidarietà; speranza; desiderio; diletto; cameratismo; associazione; armonia.

Capovolta: Tristezza; sfortuna; mancanza di volontà; fallimento; miseria; squilibrio; ebbrezza; solitudine, mala fede; esilio; disillusione.

Valore fonetico: V/W

Poema runico anglosassone:

> Gioioso è
> chi si tiene lontano dai guai
> niente ansie né dispiaceri
> nella sua dimora
> ma ottima frutta
> e allegria di messi.

Wunjo ci ricorda di preservare e proteggere la nostra purezza d'animo, di non cambiare atteggiamento di fronte al dolore, di vivere le nostre passioni e di non perdere mai l'entusiasmo.

La buona fede, la vitalità, l'innocenza; chi possiede il dono del contatto perenne con il proprio fanciullino interiore è apprezzato dagli adulti come dai bambini; comprende linguaggi non verbali, è amico della natura e degli animali, possiede il dono della leggerezza e la capacità di infonderla a chi ha attorno.

Wunjo è una precisa presa di posizione nei confronti della felicità, è la totale predisposizione alla luce, il dono innato della positività.

Tema natale

I nati sotto questa influenza runica, dal 13 al 27 Ottobre, sono stabili, allegri e gradevoli.

Simpatici e giocosi, amano la compagnia. Rispettosi e rispettati, solidali, sempre bene accetti, sanno farsi spazio nel cuore delle persone.

La loro genuinità e la buona fede da cui sono generalmente contraddistinti fa sì che attorno a loro regni sempre grande armonia. Tuttavia è meglio evitare di farli arrabbiare perché anche se non sembra sono dei grandissimi osservatori, attenti al dettaglio: sono i "puristi" se vogliamo; difficilmente tornano indietro di fronte a una decisione presa.

I nati sotto il segno di Wunjo non si perdono mai d'animo e non sono quasi mai aggressivi (a meno che non siano veramente molto stanchi o "infervorati" dalla causa), sono divertenti, piacciono agli animali e ai bambini.

Corrispondenza zodiacale: Bilancia, Scorpione.

Questa runa che chiude l'Aettir di Freya corrisponde più o meno alla giovane età: quando siamo carichi di energie e ricchi di speranze, desiderosi di fare la nostra parte nel mondo, di mettere in pratica quanto appreso da bambini nel pieno intento di dimostrare il nostro valore.

Siamo ora pronti per affacciarci alla vita e andare incontro a quelle sfide che ci insegneranno la responsabilità e ci renderanno adulti.

Abbiamo imparato a stare al nostro posto, a farci rispettare, ci siamo scoperti capaci di fare grandi cose e anche coraggiosi e fiduciosi. Siamo pronti per il resto del cammino della maturità, che cambierà inevitabilmente il nostro modo di percepire la vita.

Benedetta sia la dea dell'Aurora scintillante
Freya, la Bellissima,
La più Appassionata delle Regine.
    Insegnami i misteri
    dell'autentica passione del cuore.
    Mostrami i segreti del Wyrd.
Cammina con me nella luce delle stelle.
    Io accendo questa candela
in una ardente offerta a Te, Freya,
dea del fuoco etereo.

AETTIR DI HEIMDALL

ᚺ

HAGALAZ

LA ROTTURA DEGLI SCHEMI

28 Ottobre/12 Novembre

Oracolo: libertà dal conosciuto; morte in quanto dissoluzione della forma; perdita del controllo; cambiamento radicale; rinnovamento; purificazione; lasciare andare; risveglio della coscienza; pulizia; epurazione; inconscio; eventi passati; spazio per la crescita; coraggio; sperimentazione; analisi; prove.

Valore fonetico: H

Poema runico norvegese:

> La grandine
> è il più gelido dei chicchi
> Cristo
> creò il mondo antico.

Poema runico anglosassone:

La grandine
è il più candido dei chicchi
in un turbine precipita dal cielo
portata dal vento tempestoso
poi si trasforma in acqua.

Poema runico islandese:

La grandine
è gelido chicco
e pioggia ghiacciata
e malattia del serpente.

Hagalaz rispetto alle altre rune presenta un livello di profondità giustamente maggiore: ci ricorda la nostra mortalità, ci sprona a trovare il più presto possibile il nostro percorso e anche a cambiarlo quando e se lo riteniamo necessario, proprio per questo fatto che il nostro tempo è limitato ed è importantissimo trarne il maggior profitto possibile.

Hagalaz è la coscienza del dolore.

È l'esatto momento in cui si viene chiamati a maturare, a mettersi in discussione.

In Hagalaz si dubita di sé stessi e del proprio

personale bagaglio. Si decide cosa tenere e cosa lasciare, si tenta il tutto e per tutto, si compie lo sforzo estremo prima di frangersi davanti all'inesorabile; non tutto purtroppo - anzi in realtà praticamente **niente** al di là della nostra capacità di reazione/accettazione delle cose che ci succedono, rientra nel range del nostro controllo.

Hagalaz è lo schianto e la radicale trasformazione che ne consegue, è l'inizio della fine: ma come ogni fine il naturale inizio di un nuovo ciclo.
Il distacco volto alla ricostituzione del sé.

Processare l'elemento della mortalità è uno di quegli step che inevitabilmente chiama alla maturazione, a volte purtroppo anche prematura di certe strutture di pensiero, necessarie a procedere nel proprio percorso senza perdere la strada nell'eterna distrazione che finiamo col cercare per sottrarci dal dolore.

Tema natale

Dal 28 Ottobre al 12 Novembre sotto l'influenza di

questa runa dalla decisa profondità, vengono forgiati caratteri di grande impatto. I nati in questo periodo ragionano fuori dagli schemi e pensano molto più di quanto non parlino.

Sono persone dolci e dotate di grande sensibilità ma spesso e volentieri tendono a nascondere questo loro aspetto in modo più o meno volontario, a volte per difesa, a volte per difficoltà nell'espressione di emozioni e sentimenti, a volte per scelta d'immagine.

Preferiscono comunque orientativamente la compagnia, meglio ancora se delle persone amate, sanno essere molto passionali.

Amano la cultura e sono molto rispettati, fanno grandi sacrifici, preferiscono evitare di dipendere dagli altri per le questioni pratiche e materiali.

Tendono ad arrabbiarsi facilmente, ma altrettanto facilmente sono pronti a lasciar andare, se il fatto non è grave.

Corrispondenza zodiacale: Scorpione.

NAUTHIZ

IL CONFRONTO CON IL DOLORE

13/27 Novembre

Oracolo: la prova estrema; il dolore della perdita e del distacco; negazione; stato di necessità; costrizione; energia di bisogno; urgenza; circospezione; prudenza; forza interiore; risorse; eroismo; resistenza; ulteriore sviluppo; determinazione, tempra.

Capovolta: difficoltà; sofferenza; afflizione; schiavitù; vincoli; colpevolezza; azione inopportuna; guadagno illecito; ansia; codardia; disagio; superficialità; incapacità; incomprensione.

Valore fonetico: N

Poema runico norvegese:

> La necessità offre ben poca scelta
> un uomo nudo congela al freddo.

Poema runico anglosassone:

> La necessità è un peso sul petto
> come afflizione
> ma sprona i figli degli uomini
> a cercare aiuto e guarigione
> se mostrano per tempo
> la loro apprensione.

Poema runico islandese:

> La costrizione
> è dolore delle schiave
> e stato d'oppressione
> e lavoro faticoso.

Nauthiz è l'esperienza profonda del dolore e l'insieme dei duri insegnamenti che ne traiamo nel momento in cui lo abbiamo correttamente elaborato.

> **"Sappi che è con la tempra
> che si rafforza il ferro della spada."**

Simboleggia lo sprono alla resistenza ma anche quello alla richiesta di aiuto una volta raggiunto il limite personale di sopportazione del dolore.

Conoscere sé stessi e i propri limiti è fondamentale per poter sperare di affrontare le grandi sfide della vita riportando successi costanti, ma altrettanto importante è la scelta della nostra "cerchia", la **soul tribe** che nel tempo è rimasta al nostro fianco in linea con il nostro personale concetto di condivisione.

Quando si ha la sfortuna di trovarsi in energia di bisogno infatti si è facile preda di malintenzionati e manipolatori.

Se non si è circondati dalla propria famiglia naturale o scelta, sarà facile finire in circoli viziosi, preda di tiranni e sfruttatori, schiavi di relazioni tossiche, prigionieri di sé stessi e delle proprie credenze limitanti.

L'energia di bisogno è quella che ci spinge alla schiavitù e alla dipendenza. Alla ricerca di soluzioni esterne per problemi che in realtà sono interni.

Non dobbiamo trattenerci in rapporti sbagliati per la semplice paura di restare da soli: dobbiamo amare e rispettare noi stessi per primi se vogliamo che anche gli altri lo facciano.

Allo stesso tempo non dobbiamo però vergognarci di riconoscere di avere bisogno di aiuto: è fondamentale alla nostra sopravvivenza comprendere profondamente noi stessi e i nostri limiti.

Sapere quando mostrare la propria vulnerabilità è e resterà sempre un atto di forza, a prescindere dal taboo culturale di turno imposto e questa cosa la dico soprattutto agli uomini, che sono quelli che hanno dovuto subire per colpa delle pressioni sociali la destrutturazione emotiva più pesante: "Non fare la femminuccia, non piangere, devi essere forte, fai l'uomo..." e via vaneggiando.

I danni fatti dalla mascolinità tossica agli uomini e alle donne che tentano di amarli li leggiamo sui giornali anche troppo frequentemente ormai.

Si può essere sensibili e forti e anche piangere, perché aiuta a sfogarsi.
Si può vivere il sentimento in modo attivo o passivo; vien da se che chi è in controllo punta all'attivo.

Per secoli si è chiesto agli individui di sesso maschile di sopprimere le proprie emozioni per apparire dominanti, poi ci meravigliamo se non riusciamo a capirci.

Tutte le emozioni vanno validate.
Nessuna è inadeguata, a prescindere dal sesso, dal carattere, dall'estrazione sociale. Quello che si prova è insindacabile e giusto e necessita espressione e rispetto.

Tema natale

I nati dal 13 al 27 del mese di Novembre sono persone molto determinate e resistenti, hanno una gran forza interiore, usano grande circospezione, tendono a non rivelare a chiunque la loro profondità, spesso tengono le cose per sé stessi a livello comunicativo, per amore del quieto vivere.

Non sono ostici al cambiamento e hanno caratteri abbastanza distaccati, i più sensibili indossano pesanti corazze, non lo daranno mai a vedere.

Impiegano molto tempo ad aprirsi e quando lo fanno comunque non sempre si fidano a farlo del tutto.

Non si lasciano scoraggiare dalle difficoltà, la loro tempra li contraddistingue.

Sono gelosi, passionali, carismatici, affascinanti.

Corrispondenza zodiacale: Scorpione, Sagittario.

ǀ

ISA

IL VUOTO DELLA MENTE

28 Novembre/12 Dicembre

Oracolo: il ghiaccio; separazione; solitudine; distacco; arresto; stasi; pigrizia; impedimento; pausa di riflessione; obiettività; forza che sovrasta; presa di coscienza; raffreddamento dei rapporti; bellezza ingannevole; percorso pericoloso; slealtà; blocco; freddezza; il concetto di elaborazione del lutto. [4]

Valore fonetico: I

Poema runico norvegese:

Sul largo ponte che chiamiamo ghiaccio
il cieco deve essere guidato.

---

4. Negazione; rabbia; contrattazione; depressione; accettazione.

Poema runico islandese:

Il ghiaccio
è corteccia dei fiumi
e tetto dell'onda
e distruzione dei suoi abitanti.

Poema runico anglosassone:

Ghiacciata gelida e scivolosa
come cristallo risplende
come pietra preziosa.
Una landa ricoperta dal gelo
è visione molto luminosa.

La montagna di ghiaccio è crollata
sulla via per il mare
occorre aggirare l'ostacolo
con nuovi e diversi cammini
o perire nella rigida ostinazione
di una vita che non c'è più.
Chissà che un'altra direzione
seppur più lunga faticosa
non sia foriera di vantaggi sconosciuti.

Isa rappresenta la parte finale del dolore; quel momento di vuoto esistenziale nel quale si può perdere di obiettività e si ha bisogno anche del sostegno dei propri cari per sbloccarsi e trovare la forza di ricominciare. In Nauthiz si ribadisce l'importanza di circondarsi delle giuste persone nel proprio percorso di vita.

Chi non chiude correttamente il ciclo del dolore ne resta in qualche modo imprigionato e può diventare pericoloso per se stesso e per il prossimo.

Con questo non sto dicendo ovviamente che sia impossibile farlo da soli, ma inevitabilmente il percorso dell'accettazione sarà più lungo e più difficile se nessuno ci guida perché quando siamo in Isa perdiamo di obiettività, rischiando di essere - tra le altre cose - anche troppo severi con noi stessi.

A volte le persone che amiamo commettono delle azioni sconsiderate, che ci provocano rabbia, tristezza, disperazione, dolore.

Facile è puntare il dito e distanziarsi onde evitare di essere coinvolti nella negatività degli altrui eventi, però è pur vero che nel turbine di essi chiunque difetterebbe in obiettività, compresi noi.

Dobbiamo quindi metterci nei panni degli altri per cercare di comprendere pienamente le loro motivazioni e dobbiamo tenere conto del fatto che se noi fossimo in quella determinata situazione apprezzeremmo magari qualsiasi forma di aiuto proveniente dall'esterno.

Non che sia un assolutismo: c'è anche chi come forma di difesa primaria si chiude.

Però in linea di massima è ancora attuale il ragionamento di fare con gli altri quello che vorresti venisse fatto con te. Quando una persona viene accecata dal dolore ha bisogno di essere guidata, altrimenti rischierà di diventare distruttiva, chiudendosi in meccanismi di autodifesa che andranno automaticamente a danneggiare i legami presenti e con buona possibilità anche quelli futuri.

All'inizio magari potrà mostrare rabbia e dissenso, ma col senno di poi ti ringrazierà mille volte per aver fatto quello che hai fatto in quel determinato momento, e comunque "male non fare, paura non avere" vale nei secoli dei secoli, si applica inesorabile, in tutte le culture.

Quando facciamo qualcosa con amore, mossi da buone intenzioni, non abbiamo nulla da temere. Se dovessimo subire un'ingiustizia, l'universo troverà il modo di rimediare.

Non dobbiamo mai avere paura di fare ciò che sentiamo giusto.

Tema natale

I nati sotto l'influenza runica di Isa, che va dal 28 Novembre al 12 Dicembre, sono riflessivi e distaccati, intelligenti e silenziosi, fanno le cose seguendo esclusivamente i propri tempi, prendono le decisioni importanti senza interpellare nessuno.

Possono sembrare anche pigri ma nel background in realtà stanno tenendo tutto sotto controllo e non avranno problemi a rispettare le loro scadenze.

Sono prudenti e possono risultare anche un po' freddi, ma solo con le persone che vogliono tenere fuori dal proprio campo energetico.

Molto ordinati e portati per la burocrazia e la politica, i nati sotto Isa sono orientati al problem solving, caratterialmente simpatici e discreti, tendono a offrirsi in sostegno di chi ha bisogno.

Molto capaci nella guida e nella gestione di risorse umane e logistiche, hanno grande attitudine alla leadership, sono efficienti e perfezionisti.

Corrispondenza zodiacale: Sagittario.

JERA

LA CICLICITÀ DELL'ESISTENZA

13/27 Dicembre

Oracolo: un anno; la legge cosmica; il solstizio d'inverno; la stagione fertile; rinascita; raccolto; pazienza; abbondanza; soddisfazione; ritorno; evoluzione; reincarnazione; miglioramento; crescita; perseveranza; risultati; sviluppo; progresso.

Valore fonetico: J/Y

Poema runico norvegese:

> L'abbondanza
> è un bene per l'umanità
> io dico che Frodhi[5]
> è stato generoso.

---

5. Freyr, fratello di Freya, dio della bellezza e della fertilità.

Poema runico islandese:

L'abbondanza
è vantaggio per gli uomini
 e buona estate
e prosperi raccolti.

Poema runico anglosassone:

L'anno nuovo
è la speranza dell'uomo
quando Dio santo Re del cielo
di chiari frutti fa fiorire la terra
per i ricchi e per i miseri.

Hai preparato il terreno
e piantato il seme
ed eccoti ora le messi verdeggianti.
Dedizione e cura, fedeli compagne,
ti sono vicine
e non ti deluderanno
ma non puoi comandare le stagioni
da sé giungerà il tempo per la mietitura.
Allora potrai concederti il meritato raccolto,
allora danzerai e canterai alla festa d'estate.

Jera testimonia il miracolo della perseveranza. La
speranza dell'umanità, la volontà di ricominciare.

Il ciclo vitale, il flusso, l'ordine delle cose, il tempo

guaritore. Ci invita ad avere pazienza e ci ricorda che siamo sempre a tempo a cambiare tutto e che ogni volta che semineremo, raccoglieremo nuovi frutti.

Ogni chiusura decreta una nuova apertura, quando qualcosa viene a mancare nella nostra vita lascia inevitabilmente spazio per qualcosa di nuovo.
Jera è il fenomeno della vita che si ripete, ciclo dopo ciclo, è la pazienza di chi sa che una volta seminato a nulla vale stare lì fissi a scrutare la terra di minuto in minuto aspettando la comparsa del germoglio che sappiamo essere prossimo.

Attesta l'invito a rinnovarsi, a lavorare in un altro modo e raccogliere un frutto diverso perché è pur vero che **per ottenere qualcosa che non hai mai ottenuto, devi fare quel qualcosa che non hai mai fatto.**

Altra legge cosmica fondamentale da assimilare alla fine di uno stadio di dolore è: "**O evolvi o ripeti.**"
In Jera è possibile l'una o l'altra scelta, a nostra discrezione.
Ogni volta che invece di affrontare un dolore con del sano lavoro su noi stessi, basato sull'onesta ricalibratura dei nostri aspetti luce e ombra (detto

anche *shadow work*), tendiamo a sopprimerlo o a nasconderlo come si fa con la polvere sotto il tappeto, questo ci si riproporrà costantemente.

Andrà a intaccare inesorabile diversi aspetti della nostra esistenza, insinuandosi nella nostra quotidianità; mettendoci in situazioni sempre più complicate, in un crescendo naturale di eventi "relativamente" sfortunati (concetto di Karma), che risulteranno sempre più pesanti e ingestibili, al punto di farci sentire oppressi e fuori controllo, fino a sfociare in situazioni di vero e proprio pericolo qualora dovesse essere necessario: qualunque cosa pur di risvegliare il nostro istinto di preservazione: il primario istinto di sopravvivenza, indispensabile per ripristinare la volontà di proseguire il viaggio dell'eroe che avevamo intrapreso in primo luogo.

La tecnica dello struzzo (nascondere la testa sotto la sabbia) non è applicabile all'essere umano: tutto quello che ci rifiutiamo di affrontare ci renderà vittime nell'inevitabilità degli eventi.
Dobbiamo individuare il **pattern karmico** che si sta replicando all'infinito onde evitare di ripetere

costantemente lo stesso errore e non arrivare mai da nessuna parte.

Bisogna canalizzare le proprie energie nella giusta direzione, verso la ricerca del rapporto sinergico; porsi le giuste domande.

Dobbiamo utilizzare le nostre energie per andare avanti, anche senza conoscere una specifica direzione; facciamo tutto il possibile per evitare di girare per troppo tempo su noi stessi.

Mi rendo perfettamente conto che quello che dico può suonare banale ma la verità dei fatti è che se stai facendo le cose nel modo giusto lo sai perché tutto attorno a te si adegua e si equilibra.

Come ben sappiamo a ogni azione corrisponde sì una reazione uguale o contraria, ma anche un antecedente e una conseguenza; ampliare il raggio di osservazione può aiutare.

Se da qualche parte stai sbagliando prima o poi inevitabilmente le dirette conseguenze delle tue azioni si presenteranno a tuo cospetto e le dovrai affrontare.

Jera rinnova anche l'invito a mantenersi il più possibile attivi, perché **l'azione ci mantiene vivi.**

Siamo i diretti creatori del nostro destino, possiamo tornare in controllo in qualsiasi momento.

Tema natale

Sotto il segno di Jera, energia che accompagna i nati dal 13 al 27 del mese di Dicembre, nascono persone che si riveleranno molto pazienti ed evolute.

Animi energici, sempre impegnati in qualche progetto, sempre in movimento.

Amano ottenere grandi risultati, motivo per cui si impegnano molto in tutto quello che fanno. Tendono al miglioramento continuo, alla ricerca, al progresso stabile, amano l'abbondanza, dispongono di grande saggezza.

Hanno un atteggiamento morbido e rilassato, accettano di buon grado il cambiamento e sono sempre pronti a collaborare.

Sono per attitudine sereni e sicuri di sé, fanno le cose con calma ma trovano sempre il tempo per tutto.

Corrispondenza zodiacale: Sagittario, Capricorno.

EIHWAZ

IL VIAGGIO SCIAMANICO

28 Dicembre/12 Gennaio

Oracolo: il tasso; cercare l'anima; attraversare i mondi; shadow work; spiritualità; iniziazione; ricerca della saggezza; difesa da poteri avversi; pazienza; perseveranza; costanza; tolleranza; consapevolezza; coscienza; equilibrio; cambiamento; affidabilità; protezione; rinascita; crescita; grounding.

Valore fonetico: EI / Y

Poema runico norvegese:

> Il tasso in inverno
> è l'albero più verde
> sovente bruciando crepita.

Poema runico islandese:

Il tasso è un arco piegato
e fragile ferro
e freccia dei giganti.

Poema runico anglosassone:

Il tasso è un albero dalla ruvida corteccia
saldo in terra e guardiano dei fuochi
ben radicato è una gioia per ogni dimora.

Il duro inverno non è ancora finito
metti la legna sul fuoco
e mantieni calda la casa.
Se fuori c'è bufera e il vento ulula,
racconta fiabe ai bambini
e rassicurandoli vincerai la tua paura.
Se temi il lupo e l'orso
ricorda che ciò che ti scalda
è la loro pelliccia
e ciò che ti sazia è la loro carne
e il grano dell'estate
e ciò che ti inebria
è il vino
dell'autunno.

Passato e presente
bene e male
farmaco e veleno
sono ora una cosa sola.

Eihwaz è il chiaro riferimento alla scelta del cammino spirituale e dell'elevazione del sé.

I caratteri empatici e le mentalità didattiche sono solitamente portati per questo genere di inclinazione; in generale i possessori di maggiore sensibilità rispetto alla norma (fino ad arrivare ai meno fortunati ipersensibili), tendono ad avere bisogno di una elevata difesa spirituale proprio per affrontare lo stato di diffusa difficoltà che deriva dall'assorbimento costante di energie negative ridondanti.

Il cammino sciamanico è l'elevazione divina del viaggio dell'eroe, la distinzione fra i piani, la ricerca dell'ordine e l'illuminazione continua, la condivisione della saggezza, l'insegnamento, il tramandare.

L'infinito apprendere e la costante trasformazione che comporta.

La saggezza atavica, la fluidità.

Tema natale

I nati dal 28 Dicembre al 12 Gennaio, sotto l'influenza di questa runa molto mistica, sono introspettivi, pazienti, perseveranti.

La costanza è una loro caratteristica fondamentale, non lasciano mai nulla al caso e decisamente mai nulla a metà. Hanno una coscienza profonda, sono molto carismatici, coinvolgenti, interessanti.

Sono aperti al concetto di spiritualità, si informano di continuo, hanno caratteri molto forti, sono quasi sempre mossi da grandi ideali.
Sono amici sinceri, difendono a spada tratta le persone che amano, stanno sempre dalla parte dei più deboli.

Sono molto tolleranti ma è assolutamente sconsigliabile farli arrabbiare; sono affidabili e sempre disponibili, si dedicano molto al loro clan, motivo per cui se vengono delusi sono molto difficili da recuperare.

Ottimi oratori, ottimi ascoltatori, sono portati per l'insegnamento, la chimica, la medicina.

Corrispondenza zodiacale: Capricorno

PERTH

IL MISTERO DELLA RIGENERAZIONE

13/27 Gennaio

Oracolo: il sacro gioco della vita e le sue regole; il mistero dell'iniziazione; principio; destino; comprensione elevata a livelli superiori; fiducia; shadow work; esperienza; memoria; entusiasmo; abilità; fortuna; valore; energia; Wyrd/Urdr; concetto di Karma; possibilità; nascita; rinascita; successo; soluzione dei problemi; riconciliazione; recupero; rinnovo; ristoro; conoscenza occulta.

Capovolta: pratiche scorrette; dipendenza; bisogno; esaurimento; illusione, delusione, disillusione; autoinganno; illecito/nascosto; fallimento; cause di forza maggiore, inevitabilità.

Valore fonetico: P

Poema runico anglosassone:

> Rigenerante è il riso
> e il gioco dei signori
> quando i guerrieri e i potenti
> siedono alla stessa tavola
> davanti a una birra.
> Durante il torneo o la battaglia
> i più fidi alleati sono armatura e spada
> ma nulla vale l'arte della tempra
> contro la sorte avversa o il fato ostile
> neppure il fabbro degli dei
> può forgiare arma che le resista.
> Cadi dentro te stesso
> precipita nel gorgo oscuro
> del pozzo dei tuoi pensieri
> li troverai la risposta
> a ogni perché.

> Ora le Norne
> signore del destino
> muovono il loro pezzo sulla scacchiera
> A nulla valgono trucchi e inganni
> la vita è un gioco
> Non perdere il sorriso o perderai te stesso.

Il termine Norna deriva dall'antico norreno **"Norn"**
che significa **"colei che bisbiglia un segreto"**.

Le Norne vivevano presso la fonte di *Urðarbrunnr*[6] e il loro compito era quello di tessere il destino, incidere rune e avere cura del sacro albero Yggdrasil, mantenendolo nutrito e puro.

> "Da quel luogo vengono fanciulle
> di molta saggezza:
> tre, da quelle acque
> che sotto l'Albero si stendono.
> Ha nome Urðr la prima,
> Verðandi l'altra,
> Skuld quella ch'è terza.
> Sopra una tavola incidono rune.
> Queste decidono la legge
> queste scelgono
> la vita per i viventi nati,
> le sorti degli uomini."

I nomi di queste tre Norne sono traducibili in: **"Ciò che è stato"**, **"Ciò che è"** e **"Ciò che sarà"**.

Perth come Jera testimonia lo svolgimento di un ciclo; la volontà di ricominciare, il giusto riposo, la meditazione, la rigenerazione intesa come amore di sé

____

6. Il pozzo di Urd, che si diceva bianchissimo e splendente.

e comprensione del proprio valore personale.

La comprovata capacità di gestione del dolore e della fatica mentale e fisica. Il corretto recupero. Il nutrimento continuo. La ricerca della sinergia.

Perth indica la capacità pratica di ricominciare, la concezione del dolore come eventualità da superare diverse volte nella vita, lo demolizione degli assolutismi, la resistenza, la necessità di prendere il proprio spazio e il proprio tempo per ricominciare ad affacciarsi alla vita carichi di una nuova consapevolezza, sicuri di poter far meglio.

Perth è il moto perpetuo e silenzioso della volontà, è la sostanza, il persistere, il restare, il divenire.

Tema natale

Dal 13 al 27 Gennaio, i nati sotto questa influenza sono profondi e silenziosi. Caratteri introversi, tendenzialmente timidi, nascondono i loro buoni sentimenti sotto una corteccia spessa, insieme alla loro sensibilità.

Sono generalmente molto sicuri di sé (o sono bravi a sembrarlo). Sono grandi osservatori, ma tendono a non farlo notare; hanno infinita pazienza ma se disgraziatamente la perdono fanno fuoco e fiamme. Poi se ne spiacciono.

Non amano che si tenga loro il broncio, preferiscono riconciliare e mantenere l'armonia d'intorno.

Quando riescono ad aprirsi si rivelano dolci e affettuosi, fedeli e tradizionali, stabili e sinceri, anche divertenti.

Forse a volte eccessivamente diretti, preferiscono parlare chiaro e non amano tenere le cose in sospeso.

Amano la quiete, sono dei grandi lavoratori, energici, infaticabili, portati per lo sport, amanti del gioco e del divertimento, grandi ascoltatori, a volte preferiscono scrivere che parlare. Spesso preferiscono gli animali alle persone, ma per le persone che amano darebbero la vita senza battere ciglio.

Aggiustano, conservano, modificano, arrangiano: hanno una grande manualità. Preferiscono il lavoro indipendente a quello di squadra.

Corrispondenza zodiacale: Capricorno, Acquario.

ALGIZ

LO SPAZIO SACRO

28 Gennaio/11 Febbraio

Oracolo: l'alce; il giunco; apertura totale alla dimensione spirituale; protezione; invocazione; preghiera; manifestazione; sacralità; difesa; supporto; scudo; la protezione celeste, desideri realizzati; sofferenze svanite, spiritualità.

Capovolta: malevolenza; invidia; inganni; pericolo, vulnerabilità; calunnie; azioni proibite o sconsiderate.

Valore fonetico: Z

Poema runico anglosassone:

Il giunco
dimora nei pantani
cresce nell'acqua
l'erba dell'alce selvatico
crudelmente ferisce e brucia
nel sangue del guerriero
che tenti di afferrarlo.

Se viaggi solo
e per giunta di notte
e molte monete ti pesano in tasca
già sai che nel bosco
ti aspettano i briganti.
Puoi diventare più scaltro di loro
oppure puoi diventare uno di loro.

In Algiz si ribadisce il concetto di non cambiare atteggiamento di fronte al dolore (visto anche in Wunjo) perché in base all'esperienza ed al progresso si è acquisita anche la coscienza del fatto che "per la legge dei grandi numeri" capiterà di venire offesi e feriti molteplici volte ancora durante il percorso, volenti o nolenti.

"Occhio per occhio rende tutto il mondo cieco."
Andiamo a prendere in prestito un concetto da

un'altra cultura (perché questo è lo scopo fondamentale della globalizzazione, non l'uso malato che la gente ne fa sui social media in questi confusi tempi moderni) per dire che se subisci un torto, un tradimento o una qualsiasi violenza di sorta e in risposta diventi scorretto, traditore e violento a tua volta perché: "tanto tutti fanno così...", "tanto gli uomini/le donne sono tutti uguali...", imbocchi un preciso e pericoloso sentiero.

Effettui una scelta specifica e distruttiva, che ti guiderà in energie di volta in volta peggiori e più pesanti, in un crescendo di negatività che può sfociare a un certo punto banalmente anche nel pericolo o nella disgrazia, perché quando non ti evolvi, come abbiamo già visto in Jera, ripeti.

L'universo ti metterà in situazioni sempre più complesse affinché tu possa maturare, con conseguenze man mano più gravi e impattanti finché non impari la lezione che devi imparare.

Si può finire in circoli viziosi, prigionieri di sé stessi, convinti di una libertà illusoria che in realtà non ci sta conducendo da nessuna parte.

Non instauriamo rapporti di fiducia, non costruiamo; tutto diventa sfruttamento e inganno.

Non si può pensare però di poter sempre contare sulla fortuna quand'è così.

Prima o poi sarà inevitabile un ritorno di Karma, essendo assolutamente vero che - volendo attingere ad altra saggezza popolare esterna - "Chi semina raccoglie. Chi semina vento raccoglie tempesta."

La serenità è una presa di posizione.

Non permettere che il dolore ci destabilizzi è un punto di arrivo. Non cadere in facili schemi di stagnazione distruttiva o positività tossica[7] è il nostro compito. La capacità di distinguere il bene dal male è la nostra speranza.

Dobbiamo confidare nel nostro istinto e proteggere chi è più debole di noi. Dobbiamo condividere la nostra esperienza per evitare che altri incappino nel dolore che noi abbiamo affrontato.

Tutte le emozioni vanno validate.

---

7. La positività tossica è un atteggiamento purtroppo rampante nella spiritualità moderna, dove si predica l'innaturale soppressione del sentimento negativo: non è possibile essere sempre felici, sempre al massimo, sempre perfetti.

È giusto essere tristi, arrabbiati, sentirsi giù, aver voglia di piangere, sfogarsi.

Non esiste altro modo per processare un'emozione: bisogna necessariamente esternare.

Tema natale

Questa bellissima runa simboleggia lo spazio sacro, la protezione, l'apertura alla dimensione spirituale.

I nati sotto il segno di Algiz, dal 28 Gennaio all'11 Febbraio, sono persone risolute e autorevoli, solari, amichevoli, simpatiche.

Tendenzialmente sorridenti e rilassate, ma capaci di grandi sforzi e potenziali fonti di notevoli energie nella sfera professionale e sentimentale: concrete, immediate nella comunicazione, benevolenti, positive, di indole pacifica e calorosa, sicure di sé.

I nati sotto questa energia sono anche attenti alle tradizioni ed estimatori della cerimoniosità di certe salutari abitudini.

Godono al meglio della vita e delle infinite possibilità che essa offre ciclicamente, comunicano apertamente il loro punto di vista, non esitano a mettersi in discussione se in ballo c'è l'opportunità di migliorare attivamente il proprio status, la propria condizione di vita.

Da sempre indipendenti e autosufficienti, restano scaltri ma tendono a prendersi cura di chi hanno attorno; si ergono a punto di riferimento quando richiesto dalla situazione, si pongono stabili come colonne quando si verifica l'occasione in cui poter costruire.

Corrispondenza zodiacale: Acquario.

$$\mathsf{S}$$

SOWELU

LA PRESA DI POTERE

12/26 Febbraio

Oracolo: il sole; la scelta tra il bene d il male; presa di posizione; il ricongiungimento con la mente cosmica; integrità; successo (anche inaspettato); potenza; sollievo immediato; buona salute; vitalità; energia; chiarezza; ottimismo; comprensione; fiducia.

Valore fonetico: S

Poema runico norvegese:

Il sole è la luce delle lande
mi chino a cospetto degli dei.

Poema runico anglosassone:

Per i naviganti che veleggiano sul mare
il sole dona gioia e speranza
fino al ritorno del destriero delle onde.

Poema runico islandese:

Il sole
è scudo delle nuvole
e raggio splendente
e distruttore del ghiaccio
guida degli illuminati.

Sowelu segna il punto della nostra entrata in azione, che poi è la diretta conseguenza della reazione allo stimolo cosmico: la scelta fra luce e ombra, che si traduce nella ricerca di un possibile e duraturo equilibrio fra quelli che sono gli aspetti ombra e gli aspetti luce della nostra personalità.

Corrisponde al muoversi nell'accettazione e nella consapevolezza delle esperienze precedentemente sperimentate [8].

Come abbiamo già avuto modo di dire: "male non fare, paura non avere".

Ciascuno sceglie per se la giusta direzione; quando

---

8. Riconducibile anche al concetto del Tao.

la scelta si conferma quella adatta, si viene conseguenzialmente premiati: in caso contrario, si viene adeguatamente redarguiti.

"Chi sbaglia paga".

Sowelu è l'accettazione, il riconoscimento, l'ammontare del valore, la presa di posizione, la realizzazione del potere personale a prescindere dall'orientamento.

Di rado però il negativo sopravvive indisturbato, raramente è protetto.

Quando si dice: "quella persona è un raggio di sole", si intende in generale che quella persona illumina gli altri con la propria saggezza, riscalda col proprio calore, alimenta la vita attorno a sé ovunque si trovi. Quella persona ha energia a sufficienza per influenzare, guidare spingere e creare, per sé e per gli altri.

Un raggio di sole scalda, può anche bruciare però.

Sowelu è la cruda scelta fra il bene e il male.

Tema natale

I nati dal 12 al 26 Febbraio rientrano nell'influenza runica di Sowelu, runa intensa e luminosa:

rappresenta il Sole, il potere, il successo, la scelta tra il bene e il male.

Chi nasce sotto questa energia ha di solito una personalità pacifica e rilassata, sorridente e leggera ma con opzioni di grande profondità, sia sentimentale che spirituale.

Sono persone allegre e divertenti, intelligenti e sensibili, flessibili; si adeguano al contesto e cercano sempre di trarne il meglio. Hanno grandi doti comunicative, sono spontanei e generosi, estremamente socievoli, disponibili e gentili.

In alcuni casi possono essere anche un po' sbadati (in modo amabile, eh, perché tendono a voler seguire diversi progetti insieme) e anche un po' imprevedibili, ma quasi sempre mossi da grandi ideali, non negano mai aiuto se viene loro richiesto, non si tirano indietro, sono estremamente generosi.

Portati per l'arte, per la politica e dotati di grande manualità, sanno distinguersi in tutti i contesti che abbracciano. Diventano dispettosi quando si arrabbiano.

Corrispondenza zodiacale: Acquario, Pesci.

Con questa runa termina l'Aettir di Heimdall e a questo punto siamo pronti per andare a prendere la nostra posizione nel mondo.

Abbiamo imparato le nostre lezioni, acquisito diverse sensibilità e conoscenze, abbiamo vissuto diverse esperienze e ci sono stati forniti gli elementi per scegliere da quale parte stare. Il passaggio attraverso questo Aettir ci ha segnati profondamente, cambiando il nostro punto di vista giovanile con uno più adeguato e più maturo rispetto ai tempi che ci accingiamo ad affrontare.

Ora sappiamo che le nostre energie sono preziose e dobbiamo concentrarle esclusivamente sulla concretizzazione delle nostre volontà, sulla nostra realizzazione o impiegarle su persone che intendano fare lo stesso con noi in modo da raggiungere il giusto rapporto sinergico.

Abbiamo imparato che il nostro tempo su questa terra è limitato, che dobbiamo amare e rispettare noi stessi ed il prossimo, che dobbiamo avere cura di ciò che ci sta a cuore, che dobbiamo avere fiducia in noi stessi e seguire le nostre aspirazioni.

Abbiamo imparato a gestire il dolore rialzandoci dopo la caduta.

Adesso sappiamo da che parte andare.

AETTIR DI TYR

TEIWAZ

L'ORDINE UNIVERSALE
27 Febbraio/13 Marzo

Oracolo: la stella polare; il guerriero della luce; principio maschile; Divino Maschile; animus; logos; spada; fallo; padre; sacrificio; ordine; legge; giustizia; azione; successo crescente; valore; onore; onestà; vittoria; responsabilità.

Capovolta: resa di fonte agli ostacoli; incostanza; competizione; combattimento sleale; sconfitta; disonestà; pagare il prezzo delle proprie azioni; guerra.

Valore fonetico: T

Poema runico norvegese:

Tyr è un dio
con una mano sola.
Il fabbro spesso soffia.

Poema runico anglosassone:

La stella polare è fedele ai nobili
in perenne viaggio sopra le nubi
mantiene la rotta nell'oscurità
non tradisce
e non scompare mai.

Poema runico islandese:

Tyr
è un dio con una mano sola
e avanzi del lupo
e principe dei templi
Marte re.

Teiwaz è l'uomo retto onesto e affidabile, la persona di fiducia, stabile e realizzata.

Il Divino Maschile inteso come energia universale: il senso pratico, la determinazione, la solidità.

Tutte le qualità che rendono un uomo degno di essere chiamato "uomo": affidabilità, istinto di protezione, impegno, azione, forza, determinazione, volontà, capacità, carisma.

Il momento di piena maturità e stabilità di un giovane uomo pronto a costruire e proteggere il suo lascito.

Tema natale

I nati dal 27 Febbraio al 13 Marzo, sotto l'influenza runica di Teiwaz, sono energici, onesti responsabili, votati all'azione dotati di grande generosità.

Persone amabili e disponibili, sempre impegnate in qualche importante battaglia, svolgono il proprio servizio con responsabilità, sono spesso e volentieri molto fortunate.

Sicuri negli atteggiamenti e pieni di risorse, rispettosi delle regole, i nati sotto questa energia tengono molto a non stare dalla parte del torto.

Sono protettivi e hanno un gran senso dell'orientamento; offrono sempre il loro aiuto, anche quando non è richiesto.

Sono quasi infaticabili, cercano di fare tutto in modo perfetto, possono tendere a sovraccaricarsi ma sempre con le migliori intenzioni; sono costanti e capaci, se perdono un colpo sono subito pronti a recuperare.

Particolarmente portati per le attività manuali, anche di precisione, sanno sempre cosa fare.

Hanno un gran senso pratico e lo mettono a disposizione degli altri.

Tendono a fare molto di testa loro, sono furbi e indipendenti. Prendono in considerazione i buoni consigli, ma non è detto che intendano seguirli.

Corrispondenza zodiacale: Acquario, Pesci.

BERKANA

ANIMA MUNDI

14/29 Marzo

Oracolo: la betulla; il mistero del femminile; principio femminile; Divino Femminile; anima; seno; ventre; utero; nascita; rinascita; crescita; madre; eros; mistero; nuovi inizi; concretizzazione; realizzazione; abbondanza; fertilità, amore; guarigione; rinvigorimento; sensibilità.

Capovolta: rallentamento della crescita; involuzione; arresto; rigidità; contenimento; blocco; immaturità; lussuria; abbandono.

Valore fonetico: B

Poema runico norvegese:

Non esiste pianta più verde della Betulla
Loki vi ebbe fortuna col suo inganno.

Poema runico anglosassone:

La betulla non ha frutti
ma cresce
alta
ornata di rami dalle alte fronde
arriva fino in cielo.

Poema runico islandese:

La betulla
è un ramo frondoso
    e piccolo albero
    e fresco e giovane arbusto.

Berkana è la donna, la femmina, la sorella, la madre, l'amore.

Il divino femminile, la sensibilità, l'emotività, il senso di protezione, la cura, la costanza, la fedeltà, la dolcezza, il conforto. Berkana è la giovane donna pronta ad un'unione sincera, la lavoratrice infaticabile, onesta e indipendente.

Tema natale

La morbida e dolce influenza runica di Berkana accompagna i nati dal 14 al 29 Marzo, caratteri generalmente affettuosi, protettivi e disponibili. Amano prendersi cura degli altri, sono particolarmente pazienti con i bambini, hanno un atteggiamento mansueto e un'attitudine alla concretezza e alla stabilità.

Sono persone calde e pazienti, amano la buona cucina, il tepore delle mura domestiche.

Abitudinarie e premurose, attente ai dettagli, amanti del bello, molto sensibili ed emotive, ma anche molto mature, sanno sfruttare al meglio le proprie risorse per nutrire una costante atmosfera di abbondanza e tranquillità.

Esprimono liberamente i propri sentimenti, non hanno paura di mostrare un pizzico di autorevolezza quando necessario, sanno farsi ascoltare.

Corrispondenza zodiacale:: Pesci, Ariete.

EHWAZ

LA RIUNIFICAZIONE DEGLI OPPOSTI

30 Marzo/13 Aprile

Oracolo: il cavallo; il viaggio dell'anima; unione degli opposti anima e animus; fiducia; amore; evoluzione e crescita della relazione; nozze alchemiche; ierogamia; sviluppo; progresso; movimento; stabilità; procedere; miglioramento progressivo; condivisione; fusione; istinto; fede; lealtà; matrimonio; amore incondizionato.

Capovolta: allontanamento; separazione; difficoltà; ritardi; slealtà; rottura; mancanza di senso; fretta sconsiderata.

Valore fonetico: E

Poema runico anglosassone:

> Il cavallo è la gioia
> dei nobili e dei padri
> quando un superbo destriero
> scalpita orgoglioso
> se i cavalieri parlano di lui
> per chi lo conduce con onore
> è gran conforto e consolazione.

Ehwaz è l'essenza della relazione, il vero significato di amore e condivisione che tiene una famiglia unita, il giusto motivo per cui si dovrebbe essere in una relazione con una persona, che non è per interesse, convenienza o per paura di restare da soli, ma semplicemente per il sentimento di sincera sinergia, per il piacere di condividere e proteggere, per la pura volontà di prendersi cura dell'altro.

Ehwaz è il vero amore, il sentimento pulito e sincero, la condivisione totale, il legame alchemico, il match chimico, il rapporto ierogamico, la connessione estrema col partner divino.

L'amore come purissima forma d'espressione verso un singolo individuo, la simbiosi, la sinergia, la totale devozione.

Il sentimento pulito e incondizionato che viene nutrito in maniera costante nei confronti della persona che abbiamo scelto come compagnia spirituale lungo il nostro cammino.

Quando ci si sente completi con se stessi si è pronti per un vero rapporto di condivisione all'interno del quale sentirsi liberi nella totale fiducia. Questa runa, pregna di contenuti intensi rappresenta il sale della vita, la ciliegina sulla torta, il coronamento del sogno romantico, la dualità.

Tema natale

I nati sotto l'influenza runica di Ehwaz, dal 30 Marzo al 13 di Aprile, sono impulsivi e passionali, romantici, impetuosi, anche un po' testardi.

Istintivi e visionari, portati al progresso e alla continuità attraverso la costanza che da sempre li contraddistingue, sono stabili e generosi, amano la condivisione, sono leali e fedeli.

Adatti a progetti a lungo termine, concilianti, cercano sempre la giusta via di mezzo per non scontentare nessuno. Sono apprezzati e hanno molti amici, sono provvisti di valori che difendono con onestà, amano la compagnia, trovano sempre la giusta parola di conforto, sanno infondere la loro sicurezza negli altri. Sono affidabili e fiduciosi, credono in sé stessi e in quello che fanno, coinvolgono gli altri e li rendono partecipi delle proprie fortune, sanno ascoltare.

Se si mettono in testa di dover fare qualcosa non c'è verso di fermarli.

Corrispondenza zodiacale: Ariete.

MANNAZ

L'UOMO COSMICO

14/28 Aprile

Oracolo: l'umanità (razza umana); la coscienza planetaria; la società; la fratellanza cosmica; il Buddha; il Cristo; l'io supremo; la coscienza; l'evoluzione umana; integrazione degli opposti; armonia con l'ambiente; intelligenza; ragione; struttura sociale; mente razionale; mentalità aperta; integrità; supporto; consapevolezza, manifestazione.

Capovolta: solitudine; rifiuto; ostinazione; arroganza; bigottismo; chiusura; isolamento; disparità di trattamento; discriminazione sociale/razziale; fanatismo; intolleranza.

Valore fonetico: M

Poema runico norvegese:

> L'uomo è polvere e tornerà alla polvere.
> Potente è l'artiglio del falco.

Poema runico anglosassone:

> L'uomo gioioso
> è caro ai suoi compagni
> tuttavia ognuno è destinato
> a lasciare i propri amici
> perché il Dio supremo
> col suo giudizio
> donerà alla terra la misera spoglia.

Poema runico islandese:

> L'uomo è gioia dell'uomo
> e incremento della terra
> e decoratore di navi.

Con Mannaz dunque ricordiamo come essere persone migliori, nel pieno delle nostre facoltà, in contatto con noi stessi, con l'universo e col prossimo, nel rispetto della vita e delle leggi cosmiche.

Abbiamo la netta concezione della nostra mortalità e della necessità di costruire ed ergere il nostro lascito; di godere il presente e condividere le nostre gioie con i nostri cari finché ci è possibile farlo, consapevoli del miracolo della creazione e dei cicli del tempo, del libero arbitrio, della fortuna e del fato.

Mannaz ci insegna a celebrare la nostra natura di esseri umani connessi nel meraviglioso sistema dell'universo, fratelli cosmici, liberi di muoversi in un caotico ordine dove si è attori e spettatori, creatori e costruttori del proprio destino ma anche vittime e distruttori se si imbocca il sentiero sbagliato nel percorso dell'elevazione spirituale profonda.

Mannaz è il giusto sentimento di condivisione, la solidarietà umana, il desiderio di costruire insieme, il sentirsi parte attiva e integrante di una comunità.

Da sempre l'essere umano ha bisogno delle sue reti di sostegno, la forza dell'aggregazione mostra in questa runa la sua massima espressione: equilibrio, saggezza condivisione, comunione, rispetto reciproco, sostegno costante, sviluppo continuo, stabilità.

Tema natale

I nati sotto l'influenza runica di Mannaz, dal 14 al 28

Aprile, sono coscienti ed equilibrati. Intelligenti e razionali, ponderano attentamente ogni scelta, pianificano ogni mossa, procedono con grande cautela al fine di ottenere il massimo possibile da qualsiasi situazione sia in ambito sentimentale che professionale. Preferiscono la qualità alla quantità, anche nei rapporti.

Operano scelte oculate e mosse tattiche, sono attentissimi al dettaglio, difficilmente sbagliano un colpo.

Sono indipendenti e un po' solitari, portati per le cose complesse, per la logica, per i numeri, per l'informatica. Amanti della bella vita e generalmente molto colti, esprimono tranquillità e solidità. Sono dotati e molto laboriosi, mettono grande impegno in quello che fanno.

Il loro senso pratico può portarli a isolarsi.

Sono affidabili e forti, hanno grandi capacità gestionali, sono coerenti e cercano costantemente la perfezione.

Corrispondenza zodiacale: Ariete, Toro.

LAGUZ

LA FONTE DELLA SAGGEZZA

29 Aprile/13 Maggio

Oracolo: acqua; lago; mare; fiume; flusso; inconscio personale e collettivo; coscienza cosmica; sogni; intuizione; illuminazione; simboli; archetipi; empatia; memoria; elevata comprensione; emozioni; energia crescente; evoluzione perenne; cambiamento; consapevolezza; adattabilità; mistero; occulto.

Capovolta: false intuizioni; errori di giudizio; pericolo imminente; ombra; depressione; dolore; disperazione; pensieri negativi.

Valore fonetico: L

Poema runico norvegese:

Una cascata è solo un fiume
che cade da un fianco della montagna
ma gli ornamenti sono d'oro.

Poema runico anglosassone:

L'oceano appare infinito
agli uomini da terra
quando vi si devono avventurare
a bordo di un vascello malsicuro
 e onde e flutti li atterriscono
se il cavallo del mare
non obbedisce alle loro redini.

Poema runico islandese:

L'acqua
è gorghi e corrente
e grandi geyser
e terra di pesci.

Laguz è il sapere universale a nostra disposizione nei secoli, indispensabile all'elevazione personale e spirituale.

Da sempre l'acqua accorda diverse culture riguardo il concetto di fluidità: flusso, insieme, purezza, trasparenza, coinvolgimento, emotività, trasporto, inconscio e spiritualità.

La massima espressione del concetto di flusso consiste nel non forzare e non ostacolare i nostri sentimenti o determinati cambiamenti nella nostra vita: semplicemente dobbiamo prendere quello che viene e viverlo in modo corretto.

Andando con il flusso sapremo di star facendo bene, perché non rimarremo incastrati da nessuna parte.

Quando si capisce il giusto ordine delle cose i vicoli ciechi non esistono: si verrà sempre naturalmente direzionati verso il passo successivo.

La fonte di saggezza dell'umanità è praticamente infinita, possiamo sempre attingervi in qualsiasi momento, volessimo anche affrontare un argomento importante al giorno non ci basterebbero sette vite, ma sappiamo che all'occorrenza possiamo consultare sapienze pregresse per affrontare con un consiglio più esperto le nostre attuali necessità.

All'interno del perfetto sistema dell'universo siamo coscienti di non essere mai soli.

Tema natale

I nati dal 29 Aprile al 13 Maggio, sotto la coinvolgente influenza runica di Laguz, sono persone che la sanno lunga. Sono saggi e radicati, pronti a condividere le loro scoperte, carichi di consapevolezza, sempre informati, intuitivi, amichevoli, carismatici, affascinanti, sicuri.

Affrontano il cambiamento senza problemi, vanno col flusso; equilibrati e pratici, si adattano alle situazioni, ne traggono il meglio, ne fanno tesoro, esortano gli altri a fare altrettanto.

Caratteri empatici e comprensivi, si mettono in discussione senza problemi pur di raggiungere l'evoluzione. Sognatori e profondi, mistici e spirituali, sempre aperti al confronto, a volte sembrano camminare a un metro da terra.

Corrispondenza zodiacale: Toro.

INGUZ

IL FUTURO DELL'UMANITÀ
14/28 Maggio

Oracolo: il dio Ing (Apollo); il sacro fuoco della stirpe; la discendenza; i figli; la famiglia; il pianeta; l'ecologia; gioia; spensieratezza; elevato entusiasmo; pace; abbondanza; virtù; sessualità, fertilità; agricoltura; bambini; buon senso; il futuro.

Rappresentazione alternativa:

Valore fonetico: NG

Poema runico anglosassone:

> In principio Ing si rivelò ai danesi
> dall'Est solcava le onde sul suo carro
> così i prodi guerrieri
> chiamarono l'eroe figlio del sole.

> Quanta luce si riflette sul lago
> danza sulle creste degli alberi
> scivola tra i fiori e i campi.
> Ecco
> questa mattina mi sono alzato presto
> per vedere l'alba.
> Uomini e donne dormono ancora
> e i bambini sognano
> in questo giorno di festa
> ma il mio cuore esulta
> ed io ho voglia di cantare.

Inguz è l'innocenza e la gioia di vivere dei bambini, i bambini sono il futuro. Inguz è la speranza del domani e la spensieratezza dell'oggi; la celebrazione del presente, l'ottimismo, l'esperienza messa a disposizione dei più giovani, la volontà di proseguire.

I bambini sono la scintilla dell'umanità, testimonianza dell'eterno ripetersi del ciclo vitale, radianti di candore e delicatezza si fanno strada in una realtà corrotta: bisogna proteggerli e dar loro il giusto esempio e le adeguate possibilità affinché possano integrarsi nello svolgimento dell'eternità, seguendo anch'essi il giusto percorso verso l'elevazione.

L'importanza di rendere il mondo accessibile e non ostico per le giovani forme di vita che illuminano il creato è fondamentale perché proprio nei primi anni di vita si acquisiscono quelle che sono le basi che detteranno la capacità di interagire con il mondo da adulti nella proiezione del domani; ciò che costituisce un'infanzia irrisolta a livello di carenze affettive o circostanziali andrà a influire sullo sviluppo della personalità, creando infelicità, instabilità, senso di inadeguatezza.

Fondamentale è per ciascun figlio nascere in un ambiente stabile, caldo, ricco nella sfera relazionale, sereno e pulito. Determinante è l'amore e il senso di approvazione ricevuto dalle figure genitoriali che andrà a inficiare su caratteristiche personali come l'autostima e il corretto approccio relazionale.

Determinante è anche l'esempio che forniamo quotidianamente: i bambini ci osservano.

Apprendono cercando di imitare i nostri comportamenti, ascoltano le nostre parole molto prima di poterle ripetere, incamerano attraverso di noi informazioni importantissime che andranno a utilizzare per la riuscita (o la disfatta totale, se per caso siamo stati dei cattivi esempi ai loro occhi) delle proprie competenze personali che nel corso della loro esistenza si sentiranno chiamati a sviluppare.

Tema natale

Dal 14 al 28 Maggio, i nati sotto Inguz sono delle vere e proprie centrifughe di energia e creatività: solari, divertenti, spesso spiazzanti, più o meno affettuosi, difficilmente accordano agli altri la propria fiducia, quasi sempre preferiscono l'indipendenza, anche estrema, in senso di solitudine, ma a ogni modo estremamente gradevoli, simpatici, brillanti.

Hanno stile e si contraddistinguono, difficile che

non si facciano notare.

Sono bravi con le parole ma preferiscono esprimersi in fatti. Tendono alla logica, alla manipolazione, al controllo.

Nei rapporti sono gelosi e passionali, ma molto difficili da afferrare, spesso prediligono la vita da single a quella di coppia.

Sanno quello che vogliono e come ottenerlo, ma a volte a livello energetico si disperdono; hanno la tendenza ad avviare 750 progetti e portare avanti concretamente quei tre o quattro che sono fondamentali alla loro sopravvivenza.

Sono amanti del lusso e dello sfizio, non sono molto empatici ma sono genuini, il loro entusiasmo trasporta e infonde allegria.

Corrispondenza zodiacale: Toro, Gemelli.

DAGAZ

LA NUOVA ETÀ DELL'ORO

14/28 Giugno

Oracolo: il giorno; gli dei; la manifestazione; nuova era; il concetto di religione universale; la realizzazione suprema; trasformazione; cambiamento radicale; iniziative favorevoli; successo; imprese e progetti vincenti; luce del giorno; illuminazione; chiarezza; salute; prosperità; equilibrio.

Valore fonetico: D

Poema runico anglosassone:

> Il giorno è il messaggero del Signore
> molto caro agli uomini
> luce gloriosa del Salvatore
> felicità e speranza per ricchi e miseri.

Oggi è il gran giorno
mio giovane amico
ascolta il suono di trombe e di corni
ammira stendardi, arazzi e bandiere.
In ginocchio
la spada del Re ti tocca la spalla
la lama scintilla
e sei già cavaliere.
Ma ricorda che un giorno eri soltanto scudiero
pulivi le spade, gli scudi, ingrassavi gli stivali
e nelle fredde notti
paglia e sterco avevi per letto.
Ma questa è la vera virtù che viene da Dio
così Egli ricompensa
in un singolo giorno radioso
l'umiltà di diecimila.

Con Dagaz siamo finalmente liberi di risplendere nel pieno del nostro potere, siamo completi nelle nostre competenze e facoltà umane emotive, morali, spirituali.

Adulti.

Finalmente maturi e pronti a proteggere strenuamente il nostro lascito, umili e fiduciosi delle nostre capacità, ricchi di speranza.

Il concetto (avanzatissimo per l'epoca) di religione universale, si ripropone in diverse culture, abbracciando l'inclusiva tematica dell'**all is one**;

sembra banale rimarcare che fondamentalmente tutte le religioni sono nate con lo stesso scopo, ovvero quello di educare il maggior numero di esseri umani possibile alle giuste norme per la **sopravvivenza in tempi pregressi al concetto di informazione**, quando non esisteva altro modo per creare coscienza collettiva.

Tutte porgono all'umanità gli stessi insegnamenti, al fine di ottenere la stessa cosa, cioè la corretta coesistenza fra simili all'interno del creato; solo che giustamente se devo insegnarti a sopravvivere fra le nevi del nord Europa non posso utilizzare lo stesso tipo di immagine evocativa che userei per insegnarti a sopravvivere nei deserti del sud Africa o in qualsiasi altro ambiente specifico.

Possiamo affermare in generale che più ostico è l'ambiente nel quale si deve tentare di sopravvivere, più rigidi saranno i dettami religiosi da rispettare, anche perché chi ha vinto la "lotteria geografica" ed è nato in paesi con condizioni climatiche o sociali non avverse non può capire la lotta di chi deve fare le cose necessariamente a una certa maniera altrimenti **si muore**.

Per secoli dunque l'umanità ha condotto guerre religiose (tutt'oggi ancora in atto) senza reale motivo. Secoli di violenze e sottomissioni, inquisizioni, abusi e stupri, per la semplice incomprensione del fatto che tutte le religioni dicono fondamentalmente la stessa cosa ma utilizzando formule diverse, adeguate ai loro contesti e nessuna è quella giusta o quella migliore: ciascuna è adatta alle necessità del proprio popolo.
Tutte (**o quasi**) cercano di raggiungere lo stesso obiettivo. Tutte sono una.

Il concetto di religione universale è molto delicato e fraintendibile, quindi ritengo importante specificare che di base **non si intendeva assolutamente l'imposizione** globale di un unico dio e un unico culto, ma semplicemente l'unione e la fratellanza fra esseri umani, la condivisione della spiritualità, del senso di coscienza che ne viene evocato.

Un richiamo alla concentrazione delle energie collettive verso un unico indirizzo, uno scopo comune, che è quello della pace, della collaborazione e della civiltà; fondamenta imprescindibili dalla crescita perenne necessaria all'umanità per continuare a mantenere l'armonia del suono cosmico.

La volontà di immettere una sinfonia di suoni ciascuno attraverso il proprio strumento, ciascuno nelle sue corde; non importa quale dio preghiamo, non importa nemmeno se lo vogliamo chiamare Dio o se lo vogliamo chiamare energia: quello che importa è che la nostra concentrazione sia diretta verso il raggiungimento di uno scopo comune positivo, aperto, unitario, pacifico e comunicativo.

Facciamo un esempio: se in Italia è immorale che *una bambina di dieci anni venga offerta in MOGLIE* contro la sua volontà a un uomo con il triplo della sua età, dovrebbe esserlo anche nelle zone rurali dell'India. Così, per dire.

E questo purtroppo è solo uno degli infiniti esempi possibili.

Tema natale

Sotto l'energia di Dagaz, dal 14 al 28 di Giugno

nascono persone ispirate, carismatiche, colte, illuminate.

Persone che si esprimono con chiarezza e coinvolgono gli altri; socievoli e altruiste, umili ed equilibrate, energiche e volenterose.

I nati sotto Dagaz si rimboccano le maniche e lavorano sodo per raggiungere i propri obiettivi. Perfetti per il lavoro di squadra hanno grande pazienza e metodo.

Quando riescono a diventare le persone di successo che meritano di essere, non dimenticano le loro radici e mantengono stabile il contatto con la realtà.

Amano le cerimonie e le celebrazioni, sono sempre pronti a soccorrere chi ha necessità, sono corretti e benevolenti, imparziali e diligenti, amano circondarsi di benessere e buone vibrazioni.

Corrispondenza zodiacale: Gemelli, Cancro.

OTHILA

LA CASA, LA FAMIGLIA, IL LASCITO

29 Maggio/13 Giugno

Oracolo: la liberazione dal Karma; la casa; il patrimonio; la famiglia; la proprietà; il lascito; l'eredità; beni materiali; onorare gli antenati; il clan; sicurezza; protezione; acquisizione di beni e benefici; nazione; patriottismo; leggi naturali; la tenuta.

Capovolta: abitudini obsolete; vecchi condizionamenti; idee superate; credenze limitanti; povertà; miseria; ingordigia; provincialismo; razzismo; xenofobia.

Valore fonetico: O

Poema runico anglosassone:

> La tenuta
> è amata da
> tutti
> è bene gioire nella propria casa
> di tutto ciò che è giusto e buono
> nel flusso della continua abbondanza.

Con Othila chiudiamo finalmente il cerchio, e siamo pronti per ricominciare il ciclo della vita.

Solo quando ci si può ritenere maturi e completi sotto ogni aspetto infatti è davvero il momento in cui è possibile - se lo si desidera veramente - mettere al mondo una nuova vita.

Chi si impegna in percorsi familiari senza aver maturato ciascuno di questi aspetti fondamentali della coscienza umana rischia di avviare progetti fallimentari che renderanno misere e infelici le vite di coloro che ne faranno parte.

Un figlio non sceglie di venire al mondo; vi viene portato: è dunque fondamentale che al suo arrivo trovi fondamenta stabili, sostegno e amore incondizionato affinché non diventi in futuro una persona insicura e infelice.

Tema natale

Dal 29 Maggio al 13 Giugno l'influenza runica di Othila genera persone stabili e radicate, di gran valore; rispettose e rispettabili, generose, socievoli, familiari, amichevoli, leali, protettive.

Caratteri miti e ben disposti alla collaborazione, coinvolgenti e affettuosi, si fanno in quattro per difendere l'onore della soul tribe, amano la socialità e la condivisione, lo sfarzo e l'eleganza, puntano sempre in alto, vogliono il meglio per tutti.

Ascoltano i consigli e imparano presto, sanno sfruttare pienamente le proprie risorse, si adoperano per mantenere l'abbondanza, curano ogni dettaglio.

Possono risultare molto esigenti a causa dei loro altissimi standard, ma per loro la qualità sarà sempre una prerogativa irrinunciabile; considerano solamente chi è in grado di tenere il passo.

Elitari ed esclusivi, si fidano solo di pochi eletti, mantengono le buone abitudini, sono amanti della tradizione e della tranquillità.

Sono estremamente indipendenti e preferiscono essere soli che male accompagnati.

Corrispondenza zodiacale: Gemelli.

Con questa runa concludiamo il nostro piccolo viaggio all'interno di questa importante cultura, che ci accoglie bambini e ci trasforma in adulti solidi e responsabili, pronti per affrontare ogni nuovo ciclo.

Entrando in un'ottica di ciclicità, ogni alto e ogni basso della nostra esistenza diventa solo l'ennesimo flusso e riflusso di marea; sappiamo che se stiamo affrontando un momento basso, presto sapremo rialzarci, e nei momenti di felicità faremo bene ad assaporarla al meglio.

Questa è la potenza del vivere l'attimo, del concentrarsi sul qui e ora, perché nessuna condizione è permanente e con il giusto approccio ogni sfida e ogni ostacolo viene riconosciuto per ciò che è davvero: un momento di crescita.

Chiudendo il cerchio ne apriamo un altro e questo concetto si rinnoverà all'infinito, attraverso di noi, i nostri figli (per chi ne desidera), il nostro lascito, la nostra influenza nei prossimi capitoli della nostra vita.

Le Rune oggi

L'importanza del messaggio runico risiede nella semplice concezione del fatto che prima di originare una nuova vita un essere umano dovrebbe aver raggiunto determinati stadi di coscienza ed evoluzione: dovrebbe avere acquisito competenze, consapevolezze, potere, equilibrio, ordine disciplina, fede e concretezza, volontà di costruire, di costituire un ordine e poi di **restare al proprio posto**.

Mai come oggi ho ritenuto attuali questi temi, in tempi in cui le relazioni fra persone sono diventate estremamente complicate e molti si nascondono dietro alle incertezze del momento, disposti a qualunque cosa pur di non assumersi le proprie responsabilità.

In questi anni confusi e incerti, davanti agli evidenti segnali di cedimento delle istituzioni, delle persone pubbliche e private, io spero che ricordare all'umanità una saggezza secolare che ci è sempre appartenuta possa riportare almeno in alcuni un barlume di chiarezza e di speranza, perché è essenziale per una sopravvivenza in perfetta armonia con quello che abbiamo intorno a noi e un eventuale miglioramento è ancora nel nostro potere, se ce ne accorgiamo per tempo.

Questo messaggio rimarca l'importanza dell'azione necessaria alla presa di coscienza collettiva alla quale non possiamo assolutamente sottrarci in questi tempi di cambiamento, nei quali ancora troppo incoscientemente stiamo andando incontro alla costituzione di un nuovo ordine mondiale senza avere ben chiari i precisi valori che ci terranno lontani dalla disfatta interiore e dalla rinuncia a un corretto processo di sviluppo del nostro potenziale e delle possibilità che ne derivano.

L'essere umano deve tornare al mondo animale e recuperare il contatto con l'universo.
Con questo non dico che dovremmo rigettare la modernità e la tecnologia, perché le ritengo preziose alleate e motivo di salvezza e inclusione per molti, ma semplicemente dovremmo adottare stili di vita eco-sostenibili, che vadano a attutire il divario che si crea quando quello che significa inclusione per molti

diventa sinonimo di esclusione per altri.

Stili di vita che contemplino una adeguata alternanza fra tempo produttivo e tempo libero, al fine di poter usufruire di ciò che si è prodotto e rigenerarsi prima di impegnarsi in un nuovo ciclo lavorativo.

Mi vengono in mente i loculi che alcuni rampanti uomini d'affari asiatici affittano a inizio carriera, dove viene richiesto loro di svolgere la propria vita all'interno dello spazio vitale di un semplice giaciglio.

Non si può più accettare lo sfruttamento dell'essere umano al punto da renderlo una macchina da produzione, perché abbiamo da tempo già appreso che produciamo più del dovuto (almeno dagli anni '80) e sprechiamo e inquiniamo inutilmente.

Il motivo per cui alcuni sono estremamente ricchi mentre molti muoiono di fame è che semplicemente distribuiamo male.

Non è più ammissibile con criteri moderni il lavoro non retribuito (o retribuito in visibilità), non è più ammissibile vivere una vita che non sia a misura d'uomo.

Non è più ammissibile la schiavitù.

Siamo chiamati a una rapida presa di coscienza per recuperare una possibile proiezione del futuro; è necessario innescare un cambiamento profondo che ci permetterà di recuperare un vivere più sereno, più in linea coi tempi che cambiano e con quello che saremmo dovuti essere sin dal principio.

Siamo chiamati al risveglio e all'autonomia, alla preservazione e alla sostenibilità, alla protezione e alla cura, all'inclusione e alla solidarietà, se non vogliamo fare la fine dei dinosauri.

Questo è il momento.

La storia ce lo insegna, la geografia ci mette più o meno fretta, le scienze ci aiutano a venirne a capo.

La religione non deve allontanarci dai principi basilari che regolano il corretto funzionamento dell'ordine costituito... costituito prima di noi, prima del concetto di dio.

COMPENDIO

Vegvisir – Il compasso runico

Il Futhark circolare che vediamo in questa immagine contiene al suo interno un popolare talismano chiamato **VEGVISIR**.

Detto anche **compasso runico**, il Vegvisir si può definire un vero e proprio antenato della bussola, veniva utilizzato come strumento di navigazione.

Sulle loro sontuose Drakkar[9] i Vichinghi affrontavano incredibili sfide, erano un popolo di navigatori espertissimi nonostante i poveri mezzi e in modo estremamente coraggioso viaggiavano in condizioni sfavorevoli gestendo estreme difficoltà.

Il manoscritto da cui è originalmente accompagnato recita:

"Chi porta con sé questo simbolo
non perderà mai la propria strada
nella tempesta o nel cattivo tempo
anche percorrendo una rotta sconosciuta."

---

9 . Le tipiche imbarcazioni caratterizzate da sculture di mostri marini e draghi poste a decorazione delle prore.

Urdr - La runa dell'ignoto

All'interno di un oracolo di rune se ne trova anche una che non possiede rappresentazione grafica: si chiama **URDR** (o WYRD), **LA RUNA BIANCA** che simboleggia l'ignoto, il destino, l'inaspettato.

Urdr è l'ideale rappresentazione dalla rete che le Norne tessono con costanza, dettando il destino dell'umanità.

L'inevitabile susseguirsi di eventi segnato dalle tre sagge custodi dell'Albero della Vita al quale non ci possiamo sottrarre, dovendo tutti noi fare i conti, nell'arco delle nostre esistenze con ciò che è stato, ciò che è e ciò che sarà.

Volendola in qualche modo comunque rappresentare, viene utilizzata una sorta di griglia all'interno della quale è possibile individuare ogni singola runa al suo diritto e rovescio, come a dire: "tutto può essere", detta anche **Rete di Wyrd.**

Urdr ci ricorda che possiamo chiedere e sperare ma non sempre abbiamo la facoltà di anticipare gli eventi a cui siamo destinati: esiste il libero arbitrio e la causa di forza maggiore.

Ci sono cose che non possiamo sapere e dobbiamo fare i conti con l'ignoto anche per mantenere in esercizio la nostra prontezza, la capacità di risoluzione e la stabilità nei confronti degli eventi che il fato ha predisposto per noi.

Non possiamo controllare il corso degli eventi, né comandare le stagioni: abbiamo potere esclusivamente sulla nostra capacità di relazione ai fatti della vita.

Possiamo solamente impegnarci a vivere al meglio

ogni esperienza che ci viene sottoposta, ad accettare completamente, nel bene e nel male, l'insegnamento che era previsto ne traessimo.

Nulla dura in eterno: la felicità, come la tristezza e tutte le altre emozioni si alterneranno nel tempo e noi dobbiamo semplicemente saperle riconoscere e processare in modo corretto ed è tutto ciò che possiamo fare al fine di vivere una vita serena e concreta, volta al costruire, intrisa di valori e di soddisfazione.

Questo è il dono di Odino per noi stolti esseri umani, ancora attuale dopo secoli di smarrimento, ancora necessario per amore dell'umanità.

Una nota sulla divinazione

Un consiglio indirizzato a chiunque voglia costruire e/o utilizzare un set di rune a fini divinatori.

Trattandosi di uno strumento di preghiera e divinazione molto potente **è assolutamente sconsigliato incidere delle rune se non si è perfettamente consci di quello che si sta facendo.**

In generale però è bene ricordare che **l'utilizzo di qualsiasi pratica divinatoria o propiziatoria presente in qualsiasi cultura, attraverso qualsiasi mezzo, non dovrebbe MAI essere svolto in modo passivo,** laddove per passivo intendiamo "senza sapere", porgendo le domande sbagliate, che genereranno risposte sterili, che non riusciranno a guidarci verso una corretta e effettiva risoluzione del problema a monte.

Le domande non vanno poste neanche **in modo superficiale o aggressivo, per fini egoistici, lesivi, manipolativi o offensivi nei confronti dell'integrità di altri individui.**

La comprensione dell'importanza del rispetto della cultura e della tradizione, la comunione con l'universo e la volontà di elevazione e protezione di noi stessi e dei nostri cari dovrebbero essere l'unico motore di qualsiasi intercessione in **consulti con energie superiori**, alla base di qualunque iniziazione spirituale, pura e pacifica origine di qualsiasi percorso evolutivo possibile per l'essere umano.

Tavola delle corrispondenze

Per facilitare l'apprendimento del Futhark, aggiungo di seguito la tavola delle corrispondenze, un valido aiuto per destreggiarsi tra alcune delle diverse pronunce disponibili, per mia scelta personale e semplificazione della fruizione della fruizione non le ho elencate tutte.

Antico Futhark germanico	Fuþork norreno (þ = TH=F)	Fuþork anglosassone	
FEHU	Feoh	Fé	Ⴈ
URUZ	Hur	Úr	Ⴖ
THURISAZ	þorn	þurs	þ
ANSUZ	oss	Ós	Ⴈ
RAIDO	reið	Rad	Ⴖ
KENAZ	kaun	Cen	<
GEBO		Gyfu	X
WUNJO		Wynn	Ⴖ
HAGALAZ	hagall	Hægl	Ⴈ
NAUTHIZ	nauðr	Nyd	Ⴈ
ISA	íss	Is	|
JERA	ár	Ger	Ⴝ
EIHWAZ	yr	Eoh	Ⴝ

Antico Futhark germanico	Fuþork norreno (þ = TH=F)	Fuþork anglosassone	
PERTH		Peorð	ᛈ
ALGIZ		Eolh	ᛉ
SOWELU	sól	Sigel	ᛊ
TEIWAZ	Týr	Tiw	ᛏ
BERKANA	bjarkan	Beorc	ᛒ
EHWAZ		Eh	ᛖ
MANNAZ	maðr	Mann	ᛗ
LAGUZ	lögr	Lagu	ᛚ
INGUZ		Ing	ᛜ
DAGAZ		Dæg	ᛞ
OTHILA		Éðel	ᛟ
URDR	Urðr	Wyrd	

Ringraziamenti

Saluto e ringrazio ogni anima che si sia sentita chiamata a questa lettura con rispetto e umiltà, spero di aver stimolato coscienze e supportato risvegli e confortato miei simili sparsi nel mondo intenti a compiere il mio stesso scopo di condivisione.

Ringrazio i miei sostenitori su tutti i piani (ma proprio tutti), chi ha reso questo lavoro possibile e chi possibilmente ne gioverà. Ringrazio tutti coloro che mi hanno dato la possibilità.

Tra le fonti che ho ritenuto utili nel tempo per la redazione di questo piccolo ma profondo desiderio di divulgazione parascientifica generatosi per puro amore umanistico vorrei citare:

- *Edda poetica* – Snorri Sturluson

- *Norren forn sidr*

  (Antica via norrena) –Bjǫrn Vargsson

- *Runemal* – G. Bellini, U. Carmignani

- Omniglot.com

- Tutta la discografia degli Heilung, (*che Odin'*

  li benedica)

- *L'antica magia norren*a – Eleonora Zaupa

- Le incisioni runiche Hallristningar

- Il metal nord-europeo degli anni '90

- Il salice sotto il quale giocavo da bambina

- Almeno una delle mie vite precedenti.

Laura Mizzon

Postfazione

A cura di Monia Guredda

Se siete arrivati sin qui significa che avete fatto tutto il giro. E non intendo solo il giro runico, intendo il giro nella vostra testa.

Avete sentito un *click*?

Bene!

Sappiate comunque che non è la fine del viaggio, ma solo il segnale di partenza.

Per cosa?

Questo potete saperlo solo voi.

Ognuno deve affrontare il proprio viaggio.

Il mare è lo stesso per tutti noi, ma le imbarcazioni sono diverse, e soprattutto diversa è la meta.

Voi cosa volete raggiungere? E soprattutto come lo volete raggiungere?

Porsi le giuste domande ci toglie dalla rotta sbagliata (che magari credevamo fosse quella giusta) e ci indica la via da seguire.

Vi pare cosa da poco?

Io mi auguro che questo piccolo, essenziale manuale vi abbia quantomeno fornito gli strumenti di base per iniziare il vostro personale percorso, che poi era l'obiettivo primario che si poneva.

La Mizzon ha voluto condividere ciò che per lei è stato fonte di profonda ispirazione cercando una lieve semplificazione nel tentativo di raggiungere non solo gli appassionati dell'argomento, ma anche i curiosi. Un po' come quando vediamo una nuova serie favolosa e non vediamo l'ora di consigliarla ai nostri amici, per poi poterne parlare insieme.

Ecco, la speranza è questa: tornare tutti insieme a comunicare, comunicare davvero, non solo parlare.

Buon viaggio.

edizioni
chance
lettera 22

Chance Edizioni è un progetto editoriale nato a Roma nel gennaio del 2017.

Andrea Stella e *Rossana Orsi*, mossi dall'amore condiviso per la scrittura e non riconoscendosi in progetti editoriali esistenti, decidono di creare *"22 Pensieri"* con l'intento di realizzare una rivista multitematica che fosse sia punto di incontro per autori che cercano uno spazio per esprimersi che terreno di contaminazione artistica.

Con la successiva nascita della casa editrice hanno voluto offrire nuove occasioni di confronto all'interno del mondo editoriale attuale (a volte eccessivamente autoreferenziale e chiuso) dando vita a ciò che hanno chiamato "editoria emotiva" e facendo risaltare le caratteristiche delle persone e delle storie.

Alla base della linea editoriale di *Chance* c'è la Narrativa Introspettiva, racchiusa nella collana *#ScritturaSpontanea*: i romanzi, anche appartenenti a generi differenti, hanno come minimo comun denominatore uno sguardo attento e rivolto all'interiorità, ogni storia è quindi un viaggio introspettivo nonché foriera di spunti di riflessione, crescita ed evoluzioni personali.

In questo contesto si inserisce perfettamente il filone della poesia, ampio e particolarmente curato, che trova posto nella collana *#AssaltiPoetici*. Nel panorama sensibile hanno maniera di esprimersi anche le raccolte di racconti, nella collana *#caleidostorie*, che simboleggiano e rappresentano la voglia di aggregazione tra autori emergenti; i saggi, nella collana *#exigĕre*, che trattano di introspezioni sociali, e le più recenti collane dedicate ad illustrati (*#croquis*) e ai progetti sperimentali (*#HermesBaby*) nella grafica o nella fotografia e alle pubblicazioni nate da esperienze di workshop e laboratori. In ultimo c'è la collana *#ProspettiveInverse* destinata a sperimentazioni nella realizzazione e nella distribuzione.

Finito di stampare a dicembre 2021
ISBN: 978-88-32238-25-9

www.ingramcontent.com/pod-product-compliance
Lightning Source LLC
LaVergne TN
LVHW020330200726
843507LV00012B/2301